제이캠퍼스
경영 고전 읽기
시즌 2

제이캠퍼스
경영
고전
읽기
시즌 2

정구현 신현암 지음

클라우드나인

경영 고전으로 140년 민간 대기업을 이해한다

세계 도처에서 정치와 정부가 실패하는 사례가 늘고 있습니다. 우크라이나와 러시아에 이어서 이스라엘과 팔레스타인도 전쟁에 휩싸이고 있습니다. 정부와 외교의 실패입니다. 미국의 정치도 대립이 심화되고, 한국의 정치도 입법이 어려운 상태로 접어들고 있습니다. 정치가 실종되고 있습니다. 이처럼 안보와 정치가 위태로운 상황에서 그래도 사회 안정을 유지해 주는 기관이 민간 기업입니다. 지금은 부가가치를 창출하고, 일자리를 만들어 주고, 세금을 내고 기술을 발전시키고, 국가의 경쟁력을 유지해 주는 대표적인 사회적 기관이 민간기업입니다. 자원과 기술과 인재와 노하우도 누구보다도 기업이 가장 많이 갖고 있습니다. 그런 점에서 현대인은 기업에 대한 제대로 된 이해를 해야 합니다.

제이캠퍼스의 경영 고전 읽기는 이제 140년 정도의 역사를 가진 민간 대기업을 이해하는 데 길잡이가 되어줍니다. 기업은 사람이 시작하고 사람이 움직이는 조직입니다. 따라서 기업에 대한 이해는 인간에 대한 이해에서 출발합니다. 인간은 복잡하고 가변적인 존재라서 이해가 쉽지는 않지만 기업은 사람(고객과 임직원)에 대한 깊은 이해가 없으면 성공하기 힘듭니다.

다음으로 조직에 대한 이해가 필요합니다. 사람들이 어떻게 협력하면서 일을 하는가? 협업, 소통, 리더십 등은 어떻게 작동하는가? 이처럼 사회에서 생활하는 데 있어서 인간과 기업에 대한 이해는 가장 기본적인 지식이며 통찰력입니다. 제이캠퍼스가 발간하는 경영 고전 읽기 시리즈가 귀하가 인간과 기업을 더 잘 이해하는 데 도움이 되기를 바랍니다. 특히 시즌 2에서는 인간의 본성, 조직의 특성, 경쟁에서 이기는 방법과 아이디어를 널리 퍼뜨리는 방안에 대한 12권의 책을 소개하고 있습니다. 이 책이 12권의 경영고전을 공부하는 데 즐겁고 유익한 길잡이가 되기를 바랍니다.

2023년 11월
정구현

경영 고전은 비즈니스 전쟁터 최고의 무기다

금번에 『제이캠퍼스 경영 고전 읽기 시즌 2』를 발간합니다. 시즌 1에 이어 시즌 2를 발간합니다. 기업 경영을 위해 누군가는 이러한 책을 쓰고 이러한 책을 발간해야 한다고 생각하고 썼습니다. 경영 자로서, 경영학자로서, 경영학을 공부한 학도로서, 그리고 출판인 으로서 일종의 사명감입니다. 내년에는 시즌 3가 나올 겁니다. 그러면 총 36권의 책을 정리하게 됩니다. 경영 고전 읽기 3부작 내용을 모두 숙지하고 있다면 경영학 관련해서 필수 이론은 모두 섭렵한 셈이라고 감히 말씀 드립니다(회계, 재무, 기타 수익OR, 공급망 관리SCM 등 수학이 필요한 분야는 제외하고요).

경영 고전 읽기가 기업 경영에 도움이 될까요? 네. 도움이 됩니다. 이 책에도 2001년에 제프 베이조스가 짐 콜린스로부터 플라이휠 이야기를 듣고 바로 현업에 적용한 사례가 나옵니다. 이론과 실제가 따로 놀지 않는다는 거죠. 탁월한 경영자는 경영사상가와 경영이론가로부터 남들은 캐치하지 못하는 사업의 중요한 힌트를 발굴해 내곤 합니다.

짐 콜린스의 같은 책에서 레벨 5 리더십 이야기가 나옵니다. 당시만 해도 그저 그런가 보다 했는데요. 요즘 팀 쿡을 보면 '레벨 5 리더십의 대가'라는 점에서 소스라치게 놀라게 됩니다. MS를 이끄는 나티야 사델라도 그렇네요. 팀 쿡을 본받자고 해봐야 도대체 뭘 본받아야 할지 알 수 없습니다. 팀 쿡의 '레벨 5 리더십'을 본받자고 하면 구체적으로 무엇을 의미하는지 알 수 있습니다. 『논어』가 대단한 이유는 읽을 때마다 새로운 것을 일깨워주기 때문인데요. 훌륭한 경영서적도 읽을 때마다 새로운 것을 일깨워줍니다. 나이를 더 먹고 그만큼 기업 관련 경험이 더 늘어났기 때문이겠죠.

1946년 피터 드러커는 『기업의 개념』이란 책을 출간하면서 서문에 이런 내용을 씁니다. 똑같지는 않습니다만 대충 내용을 정리하면 다음과 같습니다.

"어떤 젊은이(아마 미국인이겠죠)가 중국에 대해 거의 완벽한 책을 쓰기 시작했다. 그는 그 주제에 대해 쓰인 모든 것을 공부하며 혼자서 준비했다. 심지어 중국어도 배웠다. 거액의 선금을 받고 출간 준비를 마친 그는 어느 화창한 날 아침 상하이에 상륙했다. 실제 눈으로 본 상하이는 그에게 엄청난 영감을 주었고 아이디어로 머리가 터질 것 같았다. 책상에 앉아 12시간을 집중한 후 그의 앞에는 너무도 알기 쉽고 너무나 아름다운 개요가 놓여 있었다(스스로 만족했다는 뜻이지요). 그에게 필요한 것은 딱히 중요하지 않은 몇 가지 사소한 통계자료뿐이었다. 그 청년은 '그래, 이 수치는 내일 찾아보자.'라고 하며 잠자리에 들었다. 수치를 찾느라 시간이 흘렀다. 하루, 이틀, 사흘……. 그리고 46년이 지난 지금까지도 수치를 찾고 있다."

드러커는 왜 이런 서문을 썼을까요? 완벽한 작품을 만들기보다 일단 큰 틀이 잡혔으면 출간하는 게 좋다는 드러커의 생각을 담고 있습니다. 『기업의 개념』이란 책도 완벽함을 도모하느라 더 시간을 끄는 것보다 어느 정도 수준에 도달했기에 출간한다는 그의 걱정스러운 마음이 엿보입니다. GM이란 회사를 1년 반 동안 연구하면서 쓴 책입니다. 마치 오늘날 월터 아이작슨이 스티브 잡스나 일론 머스크를 2년 동안 따라다니면서 쓴 책만큼 깊숙하게 GM을 해부하고 있습니다.

아이작슨이 인간적인 관점에서 잡스와 머스크를 바라보았다면 드러커는 기업이란 관점에서 당시 최고였던 GM을 들여다본 것이죠. 이 결과물로 드러커는 당시 모든 초일류기업, 즉 포드, IBM, 시어즈 백화점을 자문합니다. 오늘날로 치면 애플을 깊숙이 해부해본 다음 MS, 알파벳, 테슬라, 메타 등을 분석하는 경험을 갖게 된 셈입니다. 그 결과물이 시즌 1에서 다룬 경영의 실제이고 그 책의 확장판이 시즌 2에서 다룬 매니지먼트입니다. 이런 내용을 모르고 기업 경영을 한다는 것은 무기 없이 전쟁터에 나가는 것과 다름없습니다.

여러분이 임원이라면, 특히 이과 출신 임원이라면 이 책을 꼭 읽으시길 바랍니다. 해외에서 MBA를 전공한 동료 임원도 제대로 읽지 못했던 중요한 내용이 요약되어 있습니다. 가능하다면 이 책의 원서를 찾아 읽어보는 것도 강력히 추천합니다. 어느 틈엔가 경영 관련 지식이 동료보다 훨씬 많이 축적된 당신을 발견할 것입니다.

2023년 11월
신현암

목차

5권 좋은 기업을 넘어 위대한 기업으로 • 135

5부 히트 상품 만들기 • 229

: 어떻게 제품과 아이디어를 고객들에게 빨리 퍼뜨릴 것인가?

10권 포지셔닝 • 231

1부
경영 고전 사용설명서
: 한국기업이 미국 경영 고전에서
읽어야 할 4가지

경영 고전에서 현대 경영의 4가지 현안의 답을 얻다

이 책을 읽는 데 도움이 되는 세 가지 가이드를 제시합니다. 첫째
는 12권의 책에 대한 간단한 소개입니다. 시즌 2에서는 4개의 주
요 질문을 던지고 있는데 각 책이 어떤 해답을 제시하는지 설명합
니다. 둘째는 과연 이들 경영 고전이 시대의 변화에 맞는지를 한
번 생각해보겠습니다. 모든 책은 시대의 산물입니다. 물론 고전은
시대가 바뀌어도 변하지 않는 진리를 말하는 것이지만 현실 문제
를 다루는 경영학 책은 시대의 흐름에 더 민감하다고 하겠습니다.
2020년 코로나 팬데믹 이후에 급변하고 있는 시대 상황에서도 경
영 고전이 여전히 의미가 있는지 짚어보겠습니다. 셋째는 우리가
유튜브 채널인 제이캠퍼스의 '고전 읽기'에서 지금까지 공부한 24
권의 책이 압도적으로 미국이라는 기업 환경에서 나온 건데 과연
미국 경영 고전이 한국이라는 풍토와 한국인에게도 잘 맞는지 검

토할 필요가 있습니다. 과연 경영 고전이 시대의 변화와 다른 국적
과 제도의 기업에도 맞는지를 생각하면서 공부하기 바랍니다.

출판 시기로 보면 제일 오래전에 나온 책이 1975년에 나온 피터
드러커의 『매니지먼트Management: Tasks, Responsibilities, Practices』입
니다. 이 책을 포함해서 20세기에 나온 책이 4권입니다. 나머지 8권
의 책은 모두 21세기에 나온 책이니까 고전이라고 하기는 그렇고
명저나 베스트셀러들입니다. 8권이 모두 2000년부터 2011년 사이
에 나왔습니다.

주제별로 보면 경영관리가 2권(드러커의 『매니지먼트』, 윤석철의 『삶
의 정도』), 경영전략이 3권(하멜의 『꿀벌과 게릴라』, 프라할라드의 『저소
득층 시장을 공략하라』, 루멜트의 『전략의 적은 전략이다』), 조직이 2권(콜
린스의 『좋은 기업을 넘어 위대한 기업으로』, 밀러의 『이카루스 패러독스』),
마케팅이 3권(트라우트와 리스의 『포지셔닝』, 글래드웰의 『티핑 포인트』,
고딘의 『보랏빛 소가 온다』), 심리학과 행동경제학이 2권(치알디니의
『설득의 심리학』, 탈러와 선스타인의 『넛지』)입니다. 마케팅 책 3권과 행
동경제학 책 2권을 구분하기가 쉽지 않습니다. 치알디니는 심리학
자이고 탈러는 경제학자인데 모두 경영대학에서 교수를 하고 있습
니다.

경영학의 영역을 어디까지로 잡느냐가 간단한 문제는 아니라고
생각합니다. 시대적으로는 경영학은 제조업 대기업이 등장한 후에
생겨난 학문입니다. 제조업 대기업은 2차 산업혁명과 더불어 등장

했으니까 대체로 1880년경이라고 하겠습니다. 미국의 대학에서 경영학과가 처음 생긴 시기를 1881년으로 잡으면 그때부터 대량생산과 대량유통이 시작되었다고 하겠습니다. 포드자동차의 생산방식도 20세기 초에 자리잡기 시작했습니다. 헨리 포드Henry Ford의 모델 T는 1908년에 나왔습니다. 그는 1879년부터 자동차회사에서 일했고 1893년에 처음으로 시속 30킬로미터를 가는 자동차를 만들었다고 하며 1903년에 포드자동차를 설립했습니다. 그리고 프레드릭 테일러Frederick Taylor는 1880년대부터 제조공장에서 일했고 저서『과학적 관리법』은 1911년에 나왔습니다.

경영학의 영역 설정은 실용적인 접근이 필요하다고 생각합니다. 기업경영에 도움이 된다면 모든 이론을 동원해야 할 것입니다. 경제학, 심리학, 정치학, 사회학, 인류학은 물론이고 공학, 통계학, 수학 등도 동원해야겠지요? 그래서 경영학의 영역은 조직운영과 기업경영에 도움이 되는 모든 이론으로 보는 것이 맞다고 생각합니다. 이 책에서 공부하는 12권의 책은 다음과 같은 4개 질문에 답을 얻으려는 시도라고 보고 정리해보겠습니다.

질문 1. 인간의 본성은 무엇이며 어떻게 행동하는가?

여기에 대한 답을 시도하는 책은 3권으로 치알디니의『설득의 심리학』, 탈러의『넛지』, 윤석철의『삶의 정도』입니다. 치알디니나 탈러는 인간은 감성적이고 비합리적이라고 주장합니다. 그래서 쉽게 속아 넘어갑니다. 거꾸로 말하면 마음만 먹으면 사람을 꾀거나 속이기가 쉽다고 하겠습니다. 이런 주장은 근대경제학의 기본 전제인 '인간은 합리적인 의사결정을 한다'에 반하는 것입니다.

• 치알디니의 『설득의 심리학』

로버트 치알디니는 사회심리학의 태두라고 할 만큼 설득과 영향력 분야에서 많은 업적을 남긴 분입니다. 『설득의 심리학』은 저자가 평생 연구한 것을 집대성했다고 하겠는데요. 이 책을 비롯해 『초전 설득Pre-Suasion』 등은 전 세계에서 700만 부가 팔렸다고 합니다.

이 책은 두 가지 특징이 있습니다. 하나는 많은 연구를 바탕으로 하고 있습니다. 사회심리학에서 참여관찰 등 여러 가지 실제 상황을 이용한 실증연구를 바탕으로 하고 있습니다. 또한 저자는 3년간 보험 판매원, 자동차 판매원, 자선단체 모금원 등으로 일하면서 현장의 상황을 익혔다고 합니다. 둘째는 이 책이 20여 년간 베스트셀러였기 때문에 독자들이 실제로 이론을 적용해본 경험이 장마다 여러 개 실려 있습니다. 그러니 책의 설득력이 매우 큽니다. 설득과 영향은 조금 다른 개념이겠지요? 권력power이란 '타인에게 영향력을 미치는 힘이다.'라고 정의한다면 이 책은 '효과적인 권력 획득 기법'에 관한 책이라고 하겠습니다. 재미있는 에피소드와 예가 너무 많아서 설득을 업으로 하는 사람들은 꼭 곁에 두고 참고하면 좋은 책입니다.

책의 부제가 '사람의 마음을 사로잡는 6가지 불변의 법칙'이라고 되어 있습니다. 우리가 사는 데 상대방의 마음을 사로잡을 수 있다면 얼마나 좋을까요? 상대방이 내가 원하는 바대로 행동하게 할 수 있는 방법이 뭘까요?

1. 상호성: 서로 등 긁어주기. "먼저 호의를 베풀라."
2. 일관성: 가볍게 마음을 정하게 하라. "쉬운 것부터 시작하라."
3. 사회적 증거: 사람들은 다수의 행동에 따르는 경향이 있다. "남이 하는 대로 따라서 하도록 유도하라." "많은 사람이 그렇게 했다고 광고하라."
4. 호감: 매력, 유사성, 칭찬, 접촉, 협조. "아부하고 비슷한 척 행동하라."
5. 권위: 사람들은 권위에 약하다. 지위, 복장, 자동차 등 눈에 보이는 권위에 복종한다. 의사 가운을 입은 사람의 광고를 보면 진짜 전문가인지, 저 사람의 말이 상황에 맞는지 궁금해한다.
6. 희소성: 사람들은 한정된 것과 마감이 있는 것을 원한다. "곧 기회가 없어질 것이라고 광고하라."

그러니까 이 책의 주장은 다음과 같이 정리할 수 있겠습니다.

1. 사람들은 생각보다 훨씬 더 감정적이고 감성적이고 때로는 비합리적이다.
2. 따라서 상대방의 마음을 움직이는 기법은 의외로 단순하거나

엉뚱할 수 있다.

3. 이런 불합리한 설득이나 부당한 요구(사기)에 잘 넘어가지 않는 훈련도 필요하다.

• 탈러와 선스타인의 『넛지』

리처드 탈러Richard Thaler와 캐스 선스타인Cass Sunstein의 공저인 『넛지』에서 넛지라는 말은 원래는 '팔꿈치로 슬쩍 유도한다'는 뜻이지만 이 책에서는 '강압이 아니라 부드러운 개입으로 사람들이 더 좋은 선택을 하게 하는 것'이라고 합니다. 부제가 '건강, 재산, 행복에서 더 좋은 의사결정을 하기 위하여'라고 되어 있으니 말하자면 삶의 지혜에 관한 책입니다. 2008년에 나와서 세계적인 베스트셀러가 되었습니다.

저자 중 한 사람인 탈러는 시카고대학교 경영대학원 교수인데 행동경제학 분야의 연구 업적으로 2017년에 노벨경제학상을 받았습니다. 그의 성은 미국에서는 세일러라고 발음하는데 독일어 발음으로 탈러라고 번역되어 있습니다. 공저자인 선스타인은 하버드대학교 법학대학원 교수입니다. 제이캠퍼스의 '고전 읽기'에서 행동경제학 책을 여러 권 공부하고 있습니다. 이 책도 인간이 얼마나 불합리한 의사결정을 하는지 먼저 보여주고 어떻게 하면 현명한 정책을 통해서 의사결정의 오류를 피할 수 있는지를 제시합니다.

이 책의 출발점은 현대경제학의 전제인 인간의 합리성입니다. 즉 '인간은 합리적이고 이기적이다.'라는 거지요. 수요와 공급 이론이나 거래비용 이론과 같은 많은 경제학 이론이 '합리적인 인간'을 전제로 합니다. 그런데 이 책은 '인간이 반드시 합리적이지만은 않다.'라고 주장하는 거지요. '제한된 합리성'이 비합리 이론의 시작인데요. 이 책도 그런 맥락이지요. 이 책은 인간이 가진 제한된 합리성(정보와 시간의 부족), 유혹에 쉽게 넘어가는 점(흡연, 놀음, 마약 등), 다른 사람(사회)에게 휘둘리는 점을 비합리의 유형으로 보고 있는데요. 이 세 가지 현상이 모두 너무나 당연하고 자연스러운 인간의 속성이잖아요.

그런 점에서 근대경제학의 이론은 기본부터 잘못된 것 같습니다. 근대경제학의 아버지인 애덤 스미스의 『국부론The Wealth of Nations』(1776년 발간)이 이런 전제의 출발이라고 하겠는데요. 르네상스 이후에 신과의 관계에서 인간의 위상을 높이려고 이런 전제를 한 것 같기는 합니다. 그러나 인간이 얼마나 불완전하고 때로는 비합리적인가요. 사회에도 얼마나 많은 부조리와 비합리가 존재하나요. '자본주의의 꽃'이라고 하는 주식시장도 과도한 기대, 군중심리, 과잉반응 등 불합리한 인간의 속성을 모두 보여주지요.

• 윤석철의 『삶의 정도』

서울대학교에서 강의했던 윤석철 교수는 1981년에 『경영학적 사고의 틀』이라는 책을 쓴 후에 10년에 한 번씩 역작을 냈습니다. 1991년에는 『프린시피아 매네지멘타』를 썼고 2001년에는 『경영학의 진리체계』를 썼습니다. 그리고 2011년에 『삶의 정도』를 썼습니다. 제목이 암시하듯이 전형적인 경영학 책이 아닙니다. 어떻게 보면 윤석철 교수의 진리 탐구의 일생을 정리한 책이라고 할까요? 1940년에 충남 공주군의 어느 시골에서 태어난 한 아이의 일생이 여기저기에 소개되어 있습니다. 처음에 서독에 대한 동경으로 독문과에 입학했다가 물리학과로 전과하고 대학원에서는 전자공학을 공부하고 그 후에 경영학자가 된 저자의 학문 역정이 책에 녹아 있습니다.

이 책은 매우 독특한 경영학 저서입니다. 과연 이 책을 경영학의 어느 이론적 흐름의 일부로 봐야 할지도 애매합니다. 제이캠퍼스의 '고전 읽기'는 드러커와 같은 경영일반과 포터류의 전략이나 학습조직과 같은 조직이론이 주류를 이루고 있습니다. 이 책은 전략이나 조직 분야의 책보다 그 범위가 훨씬 넓습니다. 그렇다고 드러커와 같은 경영과 경영자에 대한 기본 원리와도 거리가 있지요. 이 책에서 인용하는 책 중에는 경영학 책도 거의 없고, 참고 문헌도 없습니다. 이런 독특성으로 인해서 이 책은 '홀로 서 있는' 책이 되는데요. 저자의 독특한 인생과 철학이 합쳐져서 나온 것은 좋은데 다른 연구자나 연구 흐름과 단절된 것이 다소 아쉽다고 생각합니다. 따라서 "앞으로 이런 연구를 누가 이어갈 수 있을까요?"라는 질문을 하게 됩니다.

이 책은 개인이든 기업이든 간에 목적함수(목표)와 수단매체(도구)만 분명하면 성공할 수 있다고 주장합니다. 목적함수는 '부단한 자기 수양과 미래 성찰을 통해서 축적된 교양과 가치관의 결정'이라고 정의하며 그 중요성을 크게 강조하고 있습니다. 수단매체는 세 가지가 있다고 합니다. 물질적(도구와 기계), 정신적(지식과 지혜), 사회적(신뢰와 매력) 수단매체입니다. 그런데 제3부에서는 수단매체로서 감수성(필요 아픔 정서, empathy), 상상력, 탐색시행(현실성과 경제성)을 말합니다. 이 책은 인간의 본성이 무엇인가를 논하기보다는 경영자가 선택할 합리적인 의사결정의 지침을 제시하고 있습니다.

질문 2. 여러 사람이 모여서 효과적으로 일하려면 어떻게 해야 하는가?

여기에 대한 답을 시도하는 책은 드러커의 『매니지먼트』, 콜린스의 『좋은 기업을 넘어 위대한 기업으로』, 밀러의 『이카루스 패러독스』입니다. 3권 모두 유명한 경영 고전인데 강조하는 바는 조금씩 다릅니다. 드러커는 기업과 경영자의 역할에 대해서 강조하고 있습니다. 기업의 목적은 고객 창조에 있다고 보고 경제와 사회에서 기업이 어떤 역할을 해야 하는가를 설파하고 있습니다. 콜린스는 기업 성공에 전략보다는 조직이 더 중요하고 특히 인재의 중요성을 강조하고 있습니다. 밀러는 매우 성공적인 기업이 왜 쇠락의 길로 접어드는가를 설명합니다. 성공이 조직의 유연성을 약화시키고 기업을 오만하게 만들어서 몰락이 시작된다고 경고합니다.

• 드러커의 『매니지먼트』

피터 드러커는 오스트리아 비엔나에서 태어나서 미국으로 이주한 경영학자이고 '근대경영학의 아버지'라고 할 수 있는 분입니다. 70년에 걸쳐서 39권의 책을 저술했는데 우리는 『고전 읽기 시즌 1』에서 드러커의 『경영의 실제』라는 책을 공부했습니다. 그 책은 1954년에 출간되었는데 당시에 '경영학의 바이블'이라고 불렸습니다. 그 후 20년 만인 1973년에 『매니지먼트Management』가 출간되었습니다. 이 책은 드러커 교수가 64세에 저술한 책이니 30년간의 연구가 집약됐다고 하겠습니다.

이 책에는 참 주옥같은 이야기가 많습니다. '기업 경영의 바이블'이라 할 수 있겠습니다. 기업뿐만 아니라 모든 조직에 적용되는 천금같은 내용입니다. 지금부터 근 50년 전에 쓰인 책인데 지금 이 시기에도 굉장히 적절한 언급이 많습니다. 이 책에 나온 드러커 교수의 몇 가지 말을 강조하려고 질문 형식으로 제시합니다.

1. 기업이 할 일은 두 가지로 집약된다. 무엇인가?

   마케팅과 혁신이다.

2. 기업의 목적은 이윤 극대화인가?

   기업의 목적은 고객 창조이다.

3. 매니저는 무엇을 하는 사람인가?

   조직의 성과를 책임지는 자이다.

4. 적정한 시장점유율은 얼마인가?

100의 80%보다 250의 40%가 더 좋다.

5. 미래는 극도로 불확실하니까 현재만 보고 의사결정을

하면 되겠는가?

경제활동이란 현재의 자원을 불확실한 미래에 거는 것이다.

경영의 본질은 위험감수이다.

6. 공공기관과 기업은 어떻게 다른가?

기업은 고객만족을 통해서 대가를 받고, 공공기관의

성과는 예산의 획득이다.

7. X이론과 Y이론은 어느 것이 옳은가?

이제 당근과 채찍에 의한 경영은 가능하지 않다. 업무상 인간

관계는 '존중'에 기초해야 한다.

8. 경영과 혁신은 다른 것인가?

경영과 혁신은 동전의 양면과 같다. 경영과 기업가정신을 구별

하는 것은 말도 안 된다.

• 콜린스의 『좋은 기업을 넘어 위대한 기업으로』

짐 콜린스Jim Collins는 제리 포라스Jerry Porras와 공저인 『성공하
는 기업들의 8가지 습관』(1994년 발간)을 쓴 후 7년 만에 『좋은 기
업을 넘어 위대한 기업으로』를 썼습니다. 전작은 미국에서만 100
만 부 이상 팔리며 엄청나게 히트했는데요. 콜린스는 어느 자리에
서 받은 "보통 기업이 위대한 기업이 되려면 어떻게 해야 하나?"라
는 질문을 받고는 이 책을 썼다고 합니다. 20명이 넘는 연구원이 총

1만 5,000시간을 투입해서 완성했습니다. 저자는 1억 달러를 준다고 해도 이 책을 포기할 수 없다고 말했는데요. 얼마나 소중하게 생각하는가를 표현한 말이겠지요.

전 세계적으로 300만 부 이상 팔린 책이니까 대단하기는 한데 내용이 좀 단순하다고 할까요? 이 책에 나온 처방들은 어떻게 보면 평범한 것 같습니다. 경영이라는 것이 결국 기본으로 돌아가는 거라고 이해할 수도 있겠습니다. 일곱 가지 정도의 교훈으로 정리할 수 있습니다.

1. 우선 훌륭한 리더가 있어야 한다.
2. 전략보다 먼저 적합한 인재를 확보하라.
3. 냉혹한 현실을 제대로 인식하라.
4. 그다음에 잘하는 것 하나에 집중하라(한 우물을 파라).
5. 규율의 문화를 가져라.
6. 기술만으로 위대한 회사가 되지는 않는다.
7. 오랜 시간에 걸쳐서 일관된 방향으로 계속해서 밀어붙여라.

어떻게 보면 조직에 대한 책이지 전략에 대한 책이 아니라고 봅니다. 시장과 고객과 산업과 기술의 변화나 혁신에 대한 이야기가 아니고 회사의 조직과 인재를 통해서 꾸준히 장기간에 걸쳐서 노력해야 한다는 내용입니다. '기업 성공에 지름길은 없다. 기초를 튼튼히 하라!'라는 메시지입니다.

• 밀러의 『이카루스 패러독스』

대부분의 경영학 책은 성공적인 기업을 연구합니다. 성공한 기업을 추적해서 연구한 첫 번째 히트작은 1982년에 나온 톰 피터스 Tom Peters와 로버트 워터맨 Robert Waterman이 공저한 『초우량 기업의 조건』입니다. 그 이후에도 성공하는 기업에 대한 책이 여러 권 나와서 대히트를 했습니다. 실패한 기업에 대한 책은 인기가 별로 없습니다. 사람들은 실패한 나라나 기업에 대해서 관심이 별로 없습니다. 또 실패한 기업을 연구하기도 어렵습니다. 실패한 기업은 사라지기도 하지만 실패한 경영자는 실패담을 말하기를 당연히 꺼리겠지요. 실패담을 이야기하려면 특정인을 지칭하거나 비난해야 하니까 더 어렵습니다. 그런데 대니 밀러 Danny Miller의 『이카루스 패러독스』는 기업이 왜 실패하는가를 체계적으로 설명합니다. 정확히 말하면 한때 잘나갔던 기업이 왜 실패하는가를 설명하는 책입니다.

그리스 신화에 나오는 이카루스는 밀랍으로 만든 날개로 하늘을 날다가 태양에 너무 가까이 다가갔다가 녹아서 에게해에 떨어져 죽습니다. 이 신화에는 가장 소중한 자산이 파멸로 가는 도구가 될 수 있다는 역설이 숨어 있지요. 밀러는 많은 우량기업이 자사가 가장 잘하는 것, 그러니까 핵심역량을 지나치게 추구하는 것이 실패의 원인이 된다는 경고를 하고 있습니다. 성공에는 실패의 씨앗이 심어져 있다는 이야기입니다. 구체적으로 밀러는 매우 성공적인 기업의 모형을 네 가지 유형으로 제시합니다.

1. 장인: 품질을 중시해서 성공한 기업

2. 빌더: 다각화와 인수합병과 같은 방식으로 성장을 추구한 기업

3. 개척자: 기술혁신에 올인해서 성공한 기업

4. 세일즈맨: 영업에 뛰어나서 성공한 기업

그런데 이들 성공한 기업이 그 성공요인에 너무 집착하다 보면 서서히 실패의 길로 접어든다는 겁니다. 장인이 품질의 완벽성을 지나치게 추구하면 시장과 유리된 편협한 조직이 되며 다각화 성장을 과도하게 추구하다 보면 결국 자원을 낭비하고 경쟁력을 잃게 된다는 겁니다. 발명과 기술혁신에만 집중하다 보면 기술 유토피아에 빠져서 현실과 유리될 수 있고 우수한 판매와 마케팅에 의존해서 시장점유율을 확대하다 보면 기술, 품질, 원가와 같은 본원적인 경쟁력을 소홀히 해서 표류하게 된다는 겁니다.

성공하기도 쉽지 않지만 지속하기는 더욱 어렵습니다. 밀러는 성공을 가져온 그 요인이 바로 실패로 연결될 수 있다고 주장합니다. 그건 왜 그럴까요? 간단히 말하면 자만심이 생겨서 조직이 변신하지 못하기 때문일 겁니다. 기업이 성공하게 되면 자신감이 자만심이 되면서 현재의 방식이 최고라고 생각하게 되고 변화를 거부하게 됩니다. 조직 내에서 변화를 추구하는 사람들은 소외되고 조직을 떠나게 되겠지요. 짐 콜린스는 실패에 관한 저서 『위대한 기업은 다 어디로 갔을까』에서 조직 몰락의 5단계를 제시하고 있습니

다. 첫 단계가 바로 '성공으로부터 자만심이 생겨나는 단계'입니다.[*]
자만심이 생겨나 조직이 경직되면서 시대와 환경의 변화에 제대로
대응하지 못하는 것이 성공하는 기업이 쇠퇴하는 하나의 패턴이라
고 하겠습니다.

질문 3. 시장경쟁에서 이기는 전략을 어떻게 만들 것인가?

이 질문에 답하는 3권의 책은 루멜트의 『좋은 전략 나쁜 전략』,
하멜의 『꿀벌과 게릴라』, 프라할라드의 『저소득층 시장을 공략하
라』입니다. 루멜트는 경영전략을 체계적으로 연구하고 또 기업 컨
설팅을 많이 한 분입니다. 이 책에서는 전략 수립을 위해서 해야
할 일과 하지 말아야 할 일을 정리하고 있습니다. 하멜은 경영혁신
의 필요성을 강조하면서 특히 비즈니스 모델 혁신의 방법론을 언
급하고 있습니다. 프라할라드는 인도 출신의 경영학자로서 기업가
정신과 창업이 빈곤을 극복하는 길이며 저소득층 시장도 훌륭한
시장이 될 수 있다고 주장합니다.

• 루멜트의 『좋은 전략 나쁜 전략』

리처드 루멜트Richard Rumelt는 UCLA의 앤더슨경영대학원 교수
를 지낸 분입니다. 『좋은 전략 나쁜 전략』을 읽다 보면 저자가 정말

---

[*] 이 책(원서는 2009년, 번역서는 2010년 김영사 발간)에서 콜린스는 몰락의 5단계를 1단계 자만심이
  생겨나는 시기, 2단계 원칙 없이 더 많은 욕심을 내는 시기, 3단계 위기 가능성을 부정하는 시기,
  4단계 구원을 찾아 헤매는 시기, 5단계 생명이 끝나는 시기로 구분한다.

많은 회사와 조직의 컨설팅을 한 것을 알 수 있습니다. 기업뿐만 아니라 미국의 국방부나 정부기관에서도 자문을 많이 했습니다. 저자는 원래 UC버클리에서 전기공학을 전공했고 미국항공우주국 NASA의 제트추진연구소에서 시스템 엔지니어로 일하다가 경영학으로 전공을 바꿔서 하버드대학교 경영대학원에서 학위를 받은 후에 UCLA의 교수가 되었습니다. 워낙 컨설팅 경험이 많기 때문인지 이 책에는 수십 개 회사의 사례가 언급되고 토의되고 있습니다.

전략 책이면 대개 전략의 개념도라든가, 분석 틀이라든가, 아니면 구체적인 기법이 소개되게 마련입니다. 마이클 포터의 책에 보면 5개 경쟁요인Five Forces Model, 가치사슬Value Chain과 같은 많은 개념과 기법이 소개되고 있지요. 『블루오션 전략』이나 하멜과 프라할라드의 『핵심역량』에도 그런 그림이 많이 나오고요. 그런데 이 책에는 그런 그림이나 모형이나 기법이 거의 없습니다. 이 책은 경영전략에 대한 접근방식이나 인식을 다루고 있습니다. 전략의 핵심을 세 가지라고 꼽습니다.

1. 제대로 된 진단
2. 구체적인 추진방침
3. 일관된 행동

상당히 상식적인 말이지요. 1번 진단은 '문제의 성격을 제대로 파악하라' '복잡한 상황을 단순화하라' '결정적인 요인이 무엇인지 판단하라'입니다. 진단이 중요한 건 알겠는데 그 정도의 말로는 크게 도움이 되지 않을 것 같아요. 2번 '구체적인 방안을 제시하라'와 3번 '일관된 행동을 하라'도 마찬가지입니다. 이 책의 '나쁜 전략' 네 가지가 더 도움이 됩니다.

1. 미사여구
2. 문제 회피
3. 목표와 전략의 혼동
4. 잘못된 목표

두 가지가 특히 설득력이 있네요. 1번 '좋은 말만 늘어놓는 것은 전략이 아니다'와 3번 '목표가 전략은 아니다'입니다. 비전, 미션, 목표, 전략 등을 써놓고 빈칸을 채우는 것이 전략수립이 아니라는 거지요. 전략의 핵심은 두 가지라고 하겠습니다. 차별화의 방법(핵심역량)과 미래를 위한 자원배분입니다.

• 해멀의 『꿀벌과 게릴라』

게리 해멀Gary Hamel은 프라할라드C. K. Prahalad와 공저인 『시대를 앞서는 미래 경쟁 전략』(1993년 발간)을 쓴 후 7년 만에 『꿀벌과 게릴라』를 썼습니다. 전작은 핵심역량이라는 개념을 도출해서 크게 주목을 받았는데요. 이 책은 혁신을 강조하고 있습니다. 혁신 정도가 아니라 혁명을 이야기하고 있습니다. 이 책은 닷컴버블이 한창

이던 2000년에 출간되었는데 그 당시 상황은 지금과 유사한 점이 있습니다. 당시는 e커머스 등 e 자가 들어가면 기업가치가 폭등하는 그야말로 버블이 심한 시기였지요. 지금도 제2의 닷컴 시대라고 할까요? 인공지능과 디지털 기술혁신의 시대이지요.

앞에서 공부한 콜린스의 『좋은 기업을 넘어 위대한 기업으로』와 이번 하멜의 책은 비슷한 점이 많습니다. 두 저자 모두 7년 전에 히트한 책의 후속편이고 전에는 공저였는데 이번에는 단독으로 책을 썼습니다. 콜린스의 후편도 투입한 노력에 비해서는 결과물이 다소 아쉬웠는데 하멜 책도 그런 느낌입니다. 히트한 영화도 속편이 원작만 못한 경우가 많습니다. 「반지의 제왕」 「록키」 등 예가 많지요. 이 책은 기업의 성공, 특히 혁신을 잘하기 위해서 어떻게 해야 할지에 대한 구체적인 방안이 미흡하다고 생각합니다. 비즈니스 모델 혁신에 관한 책으로 그 내용이 3장에 나와 있는데 막상 다른 장과 잘 연결되지 않습니다. 개념이나 모델은 비교적 단순한데 책의 많은 부분은 여러 기업의 사례로 채워져 있습니다. 이 책에는 IBM, 소니Sony, 쉘Shell, 엔론Enron, 찰스슈왑Charles Schwab, 시스코Cisco의 혁신 사례를 자세히 설명합니다.

이 책의 비극은 엔론입니다. 이 책이 2000년에 나왔는데 엔론이 2001년 12월에 파산했지요. 이 책에서는 엔론, 찰스슈왑, 시스코가 비즈니스 모델 혁신의 가장 대표적인 사례로 자주 언급되고 있습니다. 엔론은 1996년부터 파산한 해인 2001년까지 6년 연속 『포춘』의 '미국의 가장 혁신적인 기업'에 선정되었습니다. 그러니

저자가 이 책을 쓴 1998년과 1999년경에 이 회사의 분식회계를 알 수가 없었겠지요. 이 책의 모범 혁신 회사인 엔론이 분식회계로 파산한 것이 상당한 피해를 준 건 사실입니다. 이 책에서 혁신적인 CEO로 소개된 엔론의 케네스 레이Kenneth Lay(파산 2년 후 사망)와 제프리 스킬링Jeffrey Skilling은 나중에 기소되었습니다. 특히 맥킨지 컨설팅 출신인 제프리 스킬링은 무려 14년간 감옥에 있었습니다. 스킬링이 맥킨지에서 데려온 CFO 앤드루 패스토Andrew Fastow도 나중에 같이 처벌을 받았습니다.

사실 2001년 엔론의 파산은 닷컴버블의 붕괴와 9·11테러와 함께 21세기를 여는 2001년에 미국 경제를 강타한 3종 세트 중 하나였습니다. 당시 미국 역사상 최대 기업의 파산 건이었고(2008년의 리먼브라더스 사태 이전까지) 그 결과 기업의 회계적 책임에 대한 법Sarbane-Oxley Act이 제정되고 회계기준FASB도 강화되었습니다. 앞에서 밀러의 『이카루스 패러독스』는 성공한 기업이 왜 몰락하는가를 설명했는데 엔론도 성공에 도취되어 원칙을 저버린 뼈아픈 실패 사례입니다.

• 프라할라드의 『저소득층 시장을 공략하라』

경영학 분야에서 찾기 힘든 빈곤층에 관한 책입니다. C. K. 프라할라드C. K. Prahalad가 인도 출신의 학자이기 때문이기도 하지만 그런 점에서 획기적입니다. 코로나19 이후에 빈곤 문제와 빈부격차가 핵심적인 과제로 부상했습니다. 코로나19 감염자와 사망자는 빈곤층에서 더 많이 나왔습니다. 태풍이나 홍수 같은 자연재해가 덮쳐도 희생자의 대부분은 빈곤층입니다.

빈곤 문제를 접근하는 하나의 방법은 원조를 주는 거지요. 국제적으로는 공적개발원조ODA가 그렇고 국가 차원에서는 기초생활급여나 기초연금이 그렇고 선진국의 복지 지원이 그렇습니다. 그런데 프라할라드는 다른 접근방법을 제시하고 있습니다. 시장경제를 활용해서 빈곤을 퇴치할 수 있다는 건데요. 저소득층 고객도 기업가 정신을 갖고 있어서 수익창출 동기를 자극하면 빈곤을 탈출할 수 있다는 겁니다.

근원적인 질문은 빈곤의 원인을 어떻게 보느냐일 것 같아요. 내가 가난한 게 내 탓이냐, 조상 탓이냐, 아니면 사회 탓이냐의 문제입니다. 이 책의 전제는 '가난한 나라도 시장을 제대로 작동시키면 부국을 만들 수 있고 가난한 사람도 창의력을 가지고 노력하면 부자가 될 수 있다'는 거지요. 이 책은 또한 전 세계의 빈곤층 40억 명도 충분한 시장이 될 수 있다고 주장합니다. 하루 2달러 이하로 사는 사람을 빈곤층이라고 하는데 1년 소득으로 환산하면 730달러(약 80만 원)가 되겠네요.

이 책의 저소득층 공략 방법을 그대로 따라서 성장한 나라가 중국일 것입니다. 사실 지난 40년간 세계 빈곤층 감소에 가장 큰 기여를 한 나라가 중국이지요. 중국 정부는 2021년에 중국에는 이제 빈곤층이 없다고 발표했는데[*] 그 주장이 사실이라면 중국에서 지난 40년간 4억 명 이상이 빈곤을 탈출했다고 하겠습니다. 중국이 가난을 줄일 수 있었던 것은 정부와 시장의 공동작업이라고 하겠습니다. 이 책에서는 서구의 다국적기업MNE, Multinational Enterprise 위주로 이야기를 하고 있습니다.

그런데 중국의 중소기업이야말로 저소득층에 대한 지배논리를 깨고 사업을 한 셈입니다. 그런 점에서 프라할라드 자신이 후진국 현지기업의 잠재력을 과소평가한 것이 아닌가 하는 생각이 듭니다. 서구의 다국적기업은 자사의 제품과 경험 그리고 관리자의 지식의 한계 때문에 실제로 후진국의 빈곤층을 타깃으로 프로그램을 하기가 쉽지 않습니다. 책에서 예를 든 게 유니레버인데 사실 혁신을 주도한 건 그 자회사인 인도의 HLL이지요.

질문 4. 제품과 아이디어를 고객들에게 어떻게 빨리 퍼트릴 것인가?

이 질문에 답하려는 3권의 책은, 트라우트와 리스의 『포지셔닝』 글래드웰의 『티핑 포인트』 고딘의 『보랏빛 소가 온다』입니다. 트라우트와 리스는 고객의 마음을 사로잡는 방법에 대해서 다양한 아이디어를 제시합니다. 글래드웰은 유행은 전염병과 비슷하게 일시

---

[*] 중국 정부는 2021년에 중국에는 절대빈곤층이 사라졌다고 주장했다. 중국 정부는 빈곤층을 정의할 때 5개의 복지기준을 제시했다. 먹는 것, 입는 것, 중학교까지 의무교육, 안전한 식수, 안전한 주택이다. 이 5개의 복지기준에서 부족함이 없으면 빈곤층이 아니라는 주장이다.

에 확 퍼진다고 생각합니다. 이렇게 유행이 폭발적으로 확산하는 시점인 티핑 포인트에서 소수의 영향력 있는 사람들이 큰 역할을 한다고 주장합니다. 고딘은 이제 우리는 탈소비 시대에 살고 있어서 새롭고 독특하고 매력적인 상품이 아니면 고객의 관심을 끌지 못한다고 주장합니다.

• 트라우트와 리스의 『포지셔닝』

잭 트라우트Jack Trout와 알 리스Al Ries의 공저인 『포지셔닝』은 1981년에 처음 나왔고 2001년에 20주년 기념판이 나왔습니다. 을유문화사에서 발간한 국내 번역본은 2021년에 나온 40주년 기념판을 번역한 거라고 합니다. 20년과 40년에 기념판이 나왔으니 고전이라고 할 만합니다. 이 책이 답하려는 질문은 '우리 회사와 제품을 어떻게 하면 고객의 마음속에 확실하게 자리잡게 할 것인가?'라고 하겠습니다.

이 책은 사실 읽기가 좀 어려운 책입니다. 그 이유는 세 가지인데요. 첫 번째는 개념 자체가 좀 애매합니다. 이 책은 포지셔닝을 '잠재고객의 마인드에 자기 자신을 차별화하는 방식'(번역본 21쪽)이라고 정의합니다. 잠재고객의 마인드를 어떻게 측정하나요? 이게 고객의 마음점유율mind share인데 그걸 측정하는 방법론이 구체적으로 나와 있지 않아요. 요즘 같은 빅데이터 시대에는 좋은 방법이 있을 것 같은데요. 두 번째는 책에 너무나 많은 회사와 브랜드가 나와 있습니다. 특히 미국 시장을 아주 잘 알지 못하면 따라가

기가 어렵습니다. 또한 수십 년 전의 사례가 많아요. 예를 들면 허츠Hertz와 에이비스Avis 사례가 나오는데 우버가 나온 후에 렌터카 업계에도 변화가 매우 많지요. 세 번째는 책의 내용이 좀 산만합니다. 전체가 22장으로 구성되어 있는데 체계가 좀 없다고 할까요. 구태여 나누자면 5~6파트로 구성되어 있습니다.

• 말콤 글래드웰의 『티핑 포인트』

2000년에 나온 책인데 부제는 '작은 아이디어가 어떻게 빅트렌드가 되는가'입니다. 이 책의 저자인 말콤 글래드웰Malcolm Gladwell 은 1963년생으로 지금까지 우리가 공부한 저자 중에서 가장 나이가 어린 분일 것 같습니다. 이 책이 처음 출판된 게 2000년이니까 저자가 30대 후반에 쓴 거네요. 저자는 언론인이면서 작가입니다. 캐나다 출생이며 토론토대학교에서 역사학을 전공하고 『워싱턴포스트』에서 기자로 일했고 잡지 『뉴요커』에서 참신한 아이디어로 가득 찬 글을 연이어 발표하면서 '세계에서 가장 영향력 있는 경영 사상가 10인'에 선정되기도 했습니다. 『아웃라이어Outlier』 『블링크Blink』와 같은 베스트셀러의 저자이기도 합니다. 책을 읽으면서 정말 스토리텔링에 뛰어난 재주가 있다고 느꼈습니다.

이 책은 사회적 전염병을 티핑 포인트tipping point, 즉 임계점이라는 개념으로 설명하고 있습니다. 유행이 입소문을 타면서 확 퍼지는 시점이 티핑 포인트입니다. 유행은 전염성이 있고 작은 원인이 큰 결과를 낳게 되며 변화가 서서히 나타나는 게 아니라 극적인 한

순간에 일어난다는 겁니다. 그걸 사회적 전염병이라고 부를 수 있습니다. 유행은 한순간에 극적으로 부상할 수도 있고 한순간에 꺼질 수도 있습니다.

이 책은 작은 아이디어가 크게 확산되고 유행되는 현상을 설명하면서 많은 예를 들고 있습니다. 1년 전에 3만 켤레가 채 안 팔리며 망해가던 신발 브랜드 허시파피가 어떻게 1995년에 43만 켤레가 팔려나갔는지, 왜 미국의 볼티모어나 콜로라도스프링스 같은 지역 사회에서 어느 시점에 갑자기 성병이 크게 번지게 되었는지, 또 왜 매년 급증하던 뉴욕시의 범죄가 1992년 초에 갑자기 크게 감소하기 시작했는지 등 이러한 대유행이나 대감염의 원인은 무엇일까요? 대유행의 공통점은 무엇일까요? 이 책은 이런 대유행이나 기조의 변화가 조직이나 사람들의 의도적인 노력이라기보다는 소수 사람들의 행동 변화가 기폭제가 되었다고 주장합니다. 그 폭발의 시점이 티핑 포인트입니다. 그런데 소수의 사람들의 행동 변화가 모두 큰 유행이 되지는 않습니다. 그럼 작은 아이디어나 변화가 어떤 상황에서 어떻게 큰 전환의 기폭제가 될까요? 이 책은 세 가지 요인을 제시하고 있습니다.

그 세 가지 요인은 소수의 사람, 고착성, 환경입니다. 소수의 사람은 영향력이 있는 사람이니 요즘 말로 인플루언서입니다. 저자는 이 소수의 사람이 커넥터, 메이븐, 세일즈맨의 성격을 가지고 있다고 주장합니다. 커넥터는 마당발로 여러 사람과 연결되어 있는 사람입니다. 메이븐은 전문가를 말하고 세일즈맨은 설득력이 있는 사람입니다.

• 고딘의『보랏빛 소가 온다』

초판이 2003년에 나왔고 2009년에 개정판이 나왔는데 영어 개정판의 부제는 '탁월함으로 당신의 비즈니스를 혁신하라'라고 되어 있네요. 이 책의 키워드는 바로 리마커블remarkable입니다. 한글 번역판은 2004년에 나왔는데 부제가 '광고는 죽었다'입니다. 저자 세스 고딘Seth Godin은 책을 많이 썼습니다. 19권을 썼는데 베스트셀러가 여러 권이고 35개국 언어로 번역되었습니다. 국내에도 번역된 고딘의 책이 여러 권 있습니다. 저자는 세계적인 블로거로 소개되고 있습니다. 1960년생인데 최종 학력은 스탠퍼드대학교 MBA로 되어 있고 1998~2000년에 야후에서 일한 적이 있으며 그 후 20년 이상 프리랜서 저자, 블로거, 강연자로 활동하고 있는 분입니다.

이 책은 앞에서 공부한『티핑 포인트』와 같은 맥락의 책이라고 할 수 있겠습니다. 그 책에서는 사회적 유행(전염병)을 설명하면서 소수의 영향력 있는 사람인 마당발, 전문가, 세일즈맨을 동원해야 한다고 했지요. 이 책도 히트상품을 만들려면 대중을 상대로 매스 마케팅을 하지 말고 소수의 사람들, 여기서는 얼리어답터를 설득할 리마커블한 제품을 만들어내라고 합니다. 그것을 '보랏빛 소'라고 부르고 있는데요. 그러고 보면 이 책의 제목은 '보랏빛 소가 온다'가 아니고 '보랏빛 소를 만들라'가 더 적합할 것 같아요.

이 책의 강력한 메시지는 '우리는 이제 탈소비 시대에 살고 있다.'입니다. 우리는 탈소비 고객이라는 겁니다. 발명될 건 다 나와 있고 물건은 넘쳐나는데 시간이 없는 시대이니 '새롭고 독특하고 매력적인 상품이 아니면 고객의 관심을 끌지 못한다'는 주장입니다. 그러니까 대중을 상대로 하는 매스마케팅 시대는 지나갔다는 거지요. 소수의 마니아를 상대로 하는 리마커블한 제품을 만들어야 합니다.

경영 고전과 시대의 변화

『경영 고전 읽기 시즌 1』과 『경영 고전 읽기 시즌 2』를 통해서 총 24권의 경영 고전을 공부했습니다. 다양한 국적의 기업, 크고 작은 기업, B2B와 B2C 기업, 온라인 유통 기업과 플랫폼 기업, 제조업과 서비스업, 금융업 등 너무나 다양한 업종과 제품과 서비스가 있습니다. 이런 다양한 모든 기업에 적용되는 경영원칙을 찾기는 쉽지 않습니다. 그야말로 다양성이 기업경영의 특징이라고 하겠으며 성공하는 데는 하나의 길만이 있는 것이 아니고 다양한 길이 있습니다. 서울로 가는 길에 여러 갈림길과 선택이 있는 것과 마찬가지이지요.

그럼에도 불구하고 모든 기업은 세 가지 다른 마당에서 놀게 되어 있습니다. 거시환경 마당, 과업환경 마당, 조직 내부(집안) 마당입니다. 첫 번째, 거시환경 마당은 전 세계와 국가 경제와 사회의 변화를 말합니다. 대체로 5~6가지 정도의 거시환경 변수가 있는데요. 경제, 정치, 사회, 인구, 기술, 자연환경입니다. 2020년대 초에 기업에 큰 영향을 준 거시환경 변수는 전염병, 빈부격차의 확대와 사회 갈등, 인플레와 경기침체, 미중 간의 패권경쟁, 디지털 전환과 인공지능, 전쟁과 기후변화와 같은 변화가 매일 우리의 주의를 끌고 있습니다.

두 번째, 과업환경 마당은 거시환경에 비해서 단순한 편입니다. 기업의 본업은 드러커 교수가 강조하듯이 고객 창출입니다. 고객이 있어야만 매출이 있고 이익이 발생하며 기업이 존재할 수 있습니다. 그런데 같은 고객을 놓고 우리만 제품과 서비스를 제공하는 게 아니니까 대부분의 경우에 경쟁사가 있습니다. 따라서 과업환경 마당에는 3C가 있습니다. Customer(고객), Competitor(경쟁사), Company(자사)입니다. 경쟁전략이란 바로 이 과업환경 마당에서 자사가 경쟁사보다 고객에게 더 매력적으로 어필하게 만드는 것입니다. 그것을 위해서 우리의 자원을 어떻게 배분할 것인가를 결정하는 게 전략수립이라고 하겠습니다. 요즘의 과업환경은 조금 더 복잡합니다. 고객이나 협력사를 잘 엮어서 생태계를 만드는 것이 필요한 산업이 많아지고 있습니다. 포터의 5개 경쟁요인도 기업의 과업환경을 바라보는 하나의 접근방법이며 요즘 유행하는 플랫폼도 과업환경의 조직화입니다.

그리고 나면 남는 게 집안 마당인 우리 기업이고 조직입니다. 그렇다면 기업의 성패를 좌우하는 데 세 마당의 중요도는 각각 얼마나 될까요? 아주 단순화한다면 그 중요도가 20%, 30%, 50%라고 하겠습니다. 거시환경 마당이나 과업환경 마당도 중요하지만 역시 가장 중요한 것은 우리 조직의 구성원들이 얼마나 함께 잘 일하느냐가 궁극적으로 기업의 성패를 좌우한다고 생각합니다. 과거에는 그렇지 않았습니다. 고객을 만족시켜서 돈만 잘 벌면 기업 임직원은 급여를 잘 주고 위계질서 속에서 지휘할 수 있었습니다. 우리 사회의 변화를 볼까요? 30년 사이에 사람들의 가치관과 행태가 많이 바뀌었습니다.

특히 한국에서 1960~1980년대는 회사가 내 생활의 전부인 시대였습니다. 가정과 자식 교육은 아내가 책임지고 남편은 1년 내내 회사 일에 몰입해서 살았습니다. 어떤 그룹의 사장은 1년 내내 회사와 출장만 다니다 보니 집이 이사를 갔는데 새 집을 제대로 찾아가지 못했다는 일화도 있습니다. 요즘 그랬다가는 이혼을 당할 겁니다. 더 이상 인생에서 회사가 전부가 아닌 시대가 되었습니다. 급여나 승진이 다가 아닌 시대가 되었습니다.

앞에서는 거시-과업-집안의 비중을 20-30-50으로 나누었는데 산업이나 기업에 따라서 다를 겁니다. 예를 들면 비싼 원자재나 에너지를 매입하여 가공하는 기업은 원자재가 원가에서 차지하는 비중이 커서 원자재의 가격변동에 따라서 수익이 크게 좌우될 수 있습니다. 또한 어떤 기업이 수출시장에 크게 의존하고 있다면 환율변동의 영향을 많이 받을 겁니다. 이런 회사는 거시환경 변수의 비중이 상당히 클 수 있습니다. 또는 사업에서 정부의 인허가가 중요한 산업이라면 과업환경에서 규제라는 변수를 더 중점적으로 관리해야겠지요. 예를 들면 도시가스와 같은 에너지 회사, 통신사, 방송사 등은 과업환경에 정부의 규제를 포함해서 경영을 해야 할 겁니다.

그러나 거의 모든 업종에서 인력과 인재의 중요성이 더 커지고 있다고 봅니다. 특히 한국은 본격적으로 노동력 부족의 시기로 접어들고 있고 나아가 더 지식집약적인 사업환경을 맞이하게 되었습니다. 차츰 더 사람이 부족해지고 특히 인재가 귀한 시대가 되었습니다. 임직원이 자발적으로 일하고 조직에 능동적으로 참여해야 조직의 성과가 나오는 시대가 되었습니다. 따라서 지금 시대의 CEO는 자기 시간의 절반 정도는 조직관리에 투입해야 한다고 생각합니다. 과업마당(전략)보다 집안관리(조직)가 더 중요한 시대가 왔습니다. 2020년 3월에 코로나 팬데믹이 선언되면서 거시환경의 불확실성이 매우 커졌지만 그 결과 오히려 조직과 인력관리가 더 중요해졌습니다. 대퇴직과 조용한 퇴직이 화두가 되었습니다. 사람들이 삶의 의미를 더 따지게 되었으며 특히 청년층은 보람과 의미가 있는 일을 찾아다닙니다.

『경영 고전 읽기 시즌 1』에서 1950년 이후 지난 70년의 시대를 관리의 시대(1950~1970), 전략의 시대(1970~1990), 혁신의 시대(1990~2010)라고 특징지은 바 있습니다. 그러면서 과연 지금 시대(2010~2030)의 특징이 무엇인가를 고민했습니다. 지금 시대의 특징으로 기술혁신(4차 산업혁명), 창업(스타트업의 활성화, 특히 빅테크의 등장), 사회적 책임(ESG 등 기업에 대한 사회적 요구의 증가)과 글로벌

화의 후퇴를 후보로 생각했습니다. 그러나 지금 시대의 최대 화두는 인재 또는 인적자본이 아닌가 생각합니다. 특히 인공지능을 비롯한 기술혁신으로 조직에서 위계가 급속히 약화되고 있습니다. 조직이 납작해지면서 중간관리자의 역할이 크게 축소되고 있습니다. 현장에 있는 실무자가 많은 정보와 데이터를 가지고 빠른 의사결정을 할 수 있는 시기가 도래했습니다. 반면에 정보를 모으고 분석해서 임원이나 본부장에게 보고하는 중간관리자의 역할이 크게 축소되고 있습니다.

이런 변화는 앞으로 대기업에 더 큰 압력으로 작용할 것 같습니다. 대기업은 과거에는 규모와 범위의 경제로 생산성을 높이고 외부 충격도 잘 버티는 자원과 재무안정성을 통해서 우수한 인재를 획득하고 유지할 수 있었습니다. 그러나 급여, 좋은 근무환경, 직업안정성과 같은 일차적인 일자리 만족의 중요성이 낮아지고 가치공유, 열정, 신뢰, 교류와 같은 고차원적인 일자리 만족이 중요시되고 있습니다. 이제 전통적인 위계조직과 관료조직으로는 임직원의 만족과 열정적인 헌신을 기대하기 힘들 것입니다. 새 시대가 요구하는 '행복한 일터'를 만들려면 새로운 조직문화와 인재상이 필요하지 않을까요? 그에 따라 기업의 조직 내부(집안) 마당의 중요성이 더욱 커지면서 조직의 미션, 가치공유, 소통 등 투명하고 수평적이며 개개인을 존중하는 새로운 안마당의 필요성도 커질 것 같습니다. 앞으로 20년 또는 그 이상 시기의 경영 명저의 주제는 인재가 되지 않을까요?

경영 고전과 한국의 기업경영

한때 경영학에 '비교경영론'이라는 과목이 있었습니다. 여러 나라의 경영시스템이 다르다는 전제 아래 미국, 일본, 독일 등 나라에 따라서 다른 지배구조와 조직을 비교하는 과목이었는데 요즘에는 거의 사라졌습니다. 지금 경영학자는 다음과 같은 가설을 세운다고 볼 수 있습니다.

우수한 기업의 경영과 조직은 어느 나라에 있으나 모두 비슷하다. 기업의 국적과 문화는 그다지 중요하지 않다.

과연 그럴까요? 현재 미국의 경영학이 바로 세계의 경영학인 것은 사실입니다. 우리가 지금까지 공부한 24권의 책이 거의 모두 미국 경제와 사회를 배경으로 나왔습니다. 예외가 있다면 노나카 이쿠지로의 『지식창조기업』 정도입니다. 이 책은 1995년에 출간되었는데 1980년대 일본식 경영이 세계적으로 크게 인기가 있던 시기를 거치면서 나왔습니다. 1980년대는 일본식 경영이 미국 경영학에 큰 영향을 주던 시기였지요.

이번에 우리가 공부한 윤석철 교수의 책은 미국 경영학 흐름의 일환으로 선정된 것은 아닙니다. 그리고 『삶의 정도』가 한국기업의 특징과 시스템을 설명한 책도 아닙니다. 그렇게 보면 비교경영론이라는 분야는 1991년 이후 일본 경제의 장기침체와 더불어 사라졌다고 하겠습니다. 그렇다고 일본식 경영의 특징이 모두 사라진 것은 아닙니다. 고용안정과 기업의 중간관리층 중심middle-up-down 방식의 '합의에 의한 의사결정'을 특징으로 하는 '사원자본주의'는 여전히 일본기업의 특징입니다. 일본식 경영의 특징은 남아 있지만 세계 경영의 주류는 아니고 이제는 예외같이 되었습니다.

그렇다고 해서 기업경영이 국가의 경제제도, 문화, 사회의 영향을 받지 않는 걸까요? 그렇지는 않을 겁니다. 한국의 제도와 문화에서 성장한 한국기업이 어떻게 미국기업과 같은 전략과 조직을 가질 수 있겠습니까? 또 중국기업이나 인도기업이 어떻게 미국기업과 경영시스템이 같겠습니까? 그럼에도 불구하고 비교경영론이라는 과목이 사라지고, 특히 1990년 이후에는 미국 경영학이 세계의 주류가 된 것은 사실입니다. 이는 1991년에 냉전이 종식되고 세계가 단일 초강대국의 시대, 그러니까 '팍스 아메리카나Pax Americana'가 된 것과 일맥상통합니다.* 그래서 다음과 같은 반론을 제기하고 싶습니다.

현대경영학은 미국의 독특한 경제와 사회 환경에서 발전해왔기 때문에 다른 나라의 상황에 반드시 적합한 것이 아닐 수 있다.

---

* 챗GPT 같은 생성형 인공지능이 미국 문물의 세계 지배를 더 강화할 것 같다. 미국의 생성형 인공지능은 주로 영어로 된, 그것도 미국을 배경으로 한 언어를 공부한 것이기 때문에 매우 미국 중심적일 것 같다. 이미 애플, 구글, 아마존과 같은 빅테크 기업의 세계 지배가 공고한데 여기에 생성형 인공지능까지 더해져서 앞으로 세계의 80억 명 인구는 미국의 3억 4,000만 명, 아니 그중 10%도 안 되는 미국의 지배계층의 생각과 말을 많이 닮아갈 것 같다.

사실 미국이라는 나라는 아주 예외적인 나라입니다. 이를 '미국 예외주의American exceptionalism'라고 부르기도 합니다.* 미국은 여러 면에서 예외적outlier이고 독특하며 특히 문화와 제도의 전통이 긴 유럽이나 아시아 국가들과 상당히 다릅니다. 기업환경과 관련해서 많은 특징이 있는데 적어도 경영학과 관련해서는 다음과 같은 점이 특히 예외적입니다.

1. 노동시장의 유연성
2. 거대한 국내시장 규모
3. 자본시장의 결정적인 역할

첫 번째 미국의 특징은 노동시장에서 볼 수 있습니다. 미국처럼 해고가 쉬운 나라는 적어도 선진국 중에는 없습니다. 2020년 3월 코로나19가 유행하기 시작했을 때 미국기업은 두 달 사이에 1,700만 명을 해고했습니다. 이는 경제활동인구의 11%에 해당합니다. 미국기업은 사회봉쇄로 인해서 엄청난 불황이 올 것으로 전망하고 대규

---

* 위키백과는 '미국 예외주의'에 대해서 다음과 같이 설명하고 있다.
　"미국 예외주의American exceptionalism는 독특한 기원과 역사 발전 과정, 정치 제도 등을 가진 미국은 다른 나라들과는 다른, '특별한' 국가라는 생각을 말한다. 1830년대 미국을 면밀히 관찰했던 프랑스 사회학자 알렉시 드 토크빌Tocqueville이 처음 이 말을 만들어냈다. 이후 미국인의 민족적 자부심을 드러내는 말로 사용되면서, 외부에선 '미국의 우월주의'를 나타낸다는 비판을 받아왔다. 특히 조지 부시Bush 전 대통령 시절 공화당 네오콘(신보수주의자)들은 이 개념을 신봉하며 대외 정책에 활용해왔다. '미국 편이 아니면 적'이라는 이분법적 접근도 여기서 나왔다. 이는 미국은 다른 국가와는 차별성을 가지며 특별한 의미를 지니고 탄생한 국가라는 신념을 의미한다. 이는 외교정책의 실행에 있어서 도덕주의, 이상주의의 모습으로 표현되었고 구세주의Messianism 정서와 결합하여 미국적 가치를 해외에 강제로 적용하려는 정책적 노력과 정당화시키는 도구로 기능하였다."(한글판 위키백과 검색어 '미국 예외주의', 2023. 4. 13. 검색)

모 감원을 한 겁니다. 미국의 실업률은 2020년 2월 3.9%에서 5월에 14.9%가 되었습니다. 다른 나라에서는 상상도 할 수 없는 일이지요. 이렇게 해고와 채용이 자유로우니까 실업률과 물가의 관계를 대칭적으로 설명하는 '필립스 커브Phillips curve'라는 게 나왔지요. 다른 나라에서는 해고가 쉽지 않아서 실업률이 경기를 제대로 반영하지 못합니다.

'자유해고제'는 경영과 관련해서도 시사점이 많습니다. 가장 큰 차이가 혁신의 수용과 확산일 겁니다. 미국기업은 해고와 채용이 자유롭기 때문에 사업의 진입과 철수가 자유롭습니다. 혁신을 수용하기도 쉽습니다. 최근 들어서 아마존과 구글 같은 빅테크들이 대규모 해고를 하면서 한편으로 채용도 하고 있습니다. 과잉 인력은 내보내고 필요한 신규 인력은 채용합니다. 한국과 같은 나라에서는 상상할 수 없는 일입니다. 노동시장의 유연성과 경직성은 기업경영에 엄청난 차이를 가져다줍니다. 노동시장이 유연하면 변화와 외부 충격에 적응하고 혁신을 수용하는 게 아주 유리합니다. 반면에 노동자의 직업안정성은 약화되어 기업에 대한 충성심도 약할 것입니다. 이렇게 보면 미국 인력관리의 철학과 기법은 다른 나라에 별로 적합하지 않을 겁니다.

두 번째 미국의 특징은 거대한 국내시장 규모입니다. 미국 인구는 19세기 말부터 유럽에서 대규모 이민을 와서 이미 1920년에 1억 명을 넘기 시작했고 철도, 통신, 라디오 방송을 통해 벌써 단일시장이 되기 시작했습니다. 소득이 높은 1억 명의 단일시장이 그렇게 일찍부터 형성되었기 때문에 미국기업이 지금부터 100년 전부터 대량생산과 대량유통에서 세계를 앞서기 시작한 겁니다. 따라서 다른 나라가 노동 생산성을 미국과 비교하는 것은 부질없는 짓입니다. 예를 들면 미국의 시어스는 1892년에 설립되어 1980년대까지 세계 최대 유통회사였고 월마트는 1962년에 설립되어 2022년 10월 기준 전 세계에 1만 개 이상의 대형점포를 가지고 있으며 230만 명의 직원을 고용하고 있는 세계 최대 유통회사입니다. 물론 21세기에는 아마존이 온라인 판매를 통해서 빠른 속도로 월마트의 매출액을 따라잡고 있습니다.

미국의 경제규모는 2022년 기준 인구 3.4억 명에 1인당 소득이 7만 달러로 국내총생산GDP 규모가 24조 달러에 달합니다. 한국 경제의 약 13배에 달하는 거대한 시장입니다. 따라서 미국의 기업과 경영을 논할 때는 항상 국내시장 규모의 차이를 염두에 두어야 합니다.

세 번째 미국의 특징은 자본시장의 결정적인 역할입니다. 미국 기업의 운명은 주식시장이 좌우할 정도로 자본시장의 역할이 큽니다. 대부분의 대기업이 상장되어 있고 대주주가 없이 주식이 분산되어 있다 보니 투자자들이 기업을 어떻게 보고 투자하느냐에 따라서 큰 영향을 받습니다. 주식시장에서 저평가된 기업은 인수합병의 대상이 되며 무자비하게 구조조정을 당합니다. 따라서 미국이 '주주자본주의shareholder capitalism'에서 벗어나기는 쉽지 않습니다. 2019년에 미국 200개 기업 CEO의 모임인 비즈니스 라운드

테이블에서 '주주자본주의'를 버리고 '이해관계자 자본주의stake-holder capitalism'를 수용한다고 선언했지만 사실은 실행하기 어려운 일입니다. 미국 상장회사 CEO는 주식시장에서의 평가가 자기 운명을 좌우할 텐데 어떻게 쉽게 이해관계자 자본주의로 전환하겠습니까? 주주자본주의니 ESG 같은 것이 미국에서는 '사회 달래기 선언lip service'으로 끝날 가능성이 큽니다.

이외에도 미국의 예외주의는 많습니다. 미국 달러가 세계의 기축통화로 전 세계 외환시장 거래에서 2022년 기준 88.5%를 차지하고 있습니다. 원유든 다른 상품이든 수입하기 위해서 미국 밖으로 나간 달러는 다시 미국에 재투자되는 시스템이기 때문에 외환위기의 걱정이 없습니다. 금융이나 전쟁 위기가 오면 안전 선호로 오히려 전 세계가 미국 달러를 더 선호하게 되어 달러 가치가 올라갑니다. 사실 이건 매우 불공평한 시스템이지만 미국의 패권이 이런 불공평을 지탱해줍니다. 따라서 미국으로서는 이런 패권을 절대 놓으려 하지 않겠지요.

그 외에도 미국 대학이 누리는 독점적인 권력도 대단합니다. 하버드대학교가 가진 기금의 규모는 2022년 중반에 76조 6,000억 원에 달했고 수익률도 2021 회계연도에 기금의 33.6%로 약 16조 3,000억 원이었다고 합니다. 그런데 수익금의 극히 일부인 2조 9,000억 원만 대학운영에 쓰였다고 하니 하버드대학교의 기금 규모는 앞으로 빠른 속도로 늘어날 것입니다. 미국 유수의 대학은 막대한 재원을 배경으로 미국의 세계 지배에 지적, 이론적 리더십을 제공합니다. 또한 대학이 혁신의 중심인 미국은 실리콘밸리의 배후에 스탠퍼드대학교나 UC버클리가 있고 강력한 통신 클러스터인 샌디에고에도 캘리포니아대학교 샌디에고캠퍼스UCSD가 받쳐주고 있습니다.

이처럼 아주 예외적이고 강력한 패권국가인 미국의 경제와 사회 환경에서 나온 경영학 이론이 암묵적으로 전 세계의 표준이 되고 이에 뾰족한 대안이 없다는 것도 문제입니다. 그러나 적어도 우리는 어떤 점에서 '미국산 경영학'을 좀 새겨서 들어야 할지를 생각해봐야 할 것 같습니다. 다음과 같은 세 가지를 통해 한국 경영의 특징을 살펴볼 필요가 있겠습니다.

1. 오너경영체제
2. 노동시장과 인력
3. 기업의 혁신 역량

첫 번째 한국 경영의 특징은 오너경영체제입니다. 세계 여러 나라에서 소유와 경영이 분리된 전문경영체제가 일반적이 아니고 오히려 가족기업이 더 보편적이라는 주장이 있습니다.[*]

"전 세계 대부분의 기업은 가족이 소유하거나 지배하고 있음을 알았으며 일부 산업과 업력이 긴 일부 대기업에서 소유와 경영의 분리

---

[*] 신현한, "한국기업의 성장과 소유지배가족의 역할," 제이캠퍼스 연구보고서 제11호, 2023. 3. 8, 7쪽.

를 발견할 수 있을 뿐 가족이 기업을 지배하는 기업 지배구조 형태가 선진국과 후진국, 서양과 동양, 현재와 과거를 모두 아우르는 글로벌 스탠더드이다. 따라서 한국의 재벌이나 대기업 집단의 소유지배구조는 전 세계의 트렌드와 크게 다르지 않다고 할 수 있다."

소유경영자의 존재는 기업 내의 권력관계를 변화시킵니다. 전문경영체제의 문제로 지적되는 대리인 비용을 낮추지만 다른 형태의 대리인 비용도 발생할 수 있지요. 오너가 있는 대기업이 크게 성장하려면 역량 있는 전문경영자를 다수 영입해서 대우하고 적절한 보수를 주고 동기부여를 해야 합니다. 그런 점에서 한국기업의 최고경영층에서 오너와 전문경영자의 협력체제TMT, top management team가 중요합니다. IMF 외환위기 이후에 한국에서도 주식시장의 비중이 커지기는 했지만 지배주주가 있기 때문에 인수합병이 많지 않은 편이지요.

오너경영체제의 장점은 기업을 긴 시각에서 본다는 점입니다. 나는 물론 내 다음 세대와 그다음 세대까지 생각해야 하니까 긴 안목에서 투자를 하게 됩니다. 때로는 투자회수 기간이 긴 연구개발이나 대규모 투자도 하게 됩니다. 반도체 투자가 그 대표적인 사례입니다. 그러나 오너는 대주주이니까 아무래도 주주의 시각에서 기업을 보는 것은 불가피할 것입니다. 그런 점에서 한국의 시장경제도 주주자본주의 성격을 갖게 되겠지만 기업이 성과를 내려면 우수하고 열정적인 인재가 필요할 테니까 가부장적인 기업문화를 가지게 될 가능성이 큽니다. '오너 중심의 협력체제'에 대해서 더 면밀한 분석이 필요합니다. 그리고 이 문제는 다음의 노동시장과 긴밀하게 연결되어 있습니다.

두 번째 한국 경영의 특징은 노동시장과 인력입니다. 한국 대기업에서 해고가 어렵다는 특징이 시사하는 바는 매우 큽니다. 가장 큰 문제는 외부 환경 변화에 재빨리 대응할 수 없다는 점입니다. 앞에서 언급했던 2020년 3월 한국의 대기업은 거의 해고가 없었지요. 상황을 그렇게 나쁘게 보지 않았던 점도 있겠지만 해고를 하고 싶어도 하지 못합니다. 그렇다면 불황이 올 때 한국기업이 선택할 수 있는 대안은 무엇일까요? 생산직의 경우에는 야간작업을 없애거나 작업 시간을 줄여서 생산을 감축하며 관리직은 계약직이나 외부 하청을 통해서 약간의 유연성을 갖습니다. 불황이 왔을 때 바로 신축적으로 고용을 축소하지 못하니까 적자를 감수하고 계속 생산하는 '치킨게임'을 선택할 가능성이 커집니다.

2010년 전의 고성장기에는 경영인력의 공급이 기업의 성장을 쫓아가지 못하기 때문에 관리직의 과잉인력이 크게 문제가 되지 않았습니다. 과잉인력을 끌고 가더라도 조만간 새로운 사업에 투입할 수 있었습니다. 그러나 저성장기에는 과잉인력을 해소하지 않으면 기업에 계속해서 부담이 됩니다. 여기에 기술 변화로 인원이 더 이상 필요하지 않을 경우에는 구조조정이 꼭 필요한데 해고나 감원이 어려우면 기업에 큰 부담이 됩니다. 좋은 예가 시중은행의 사례입니다. 온라인 거래가 증가하고 대면거래가 대폭 축소되면서 은행들은 과잉인력 해소 문제에 봉착했습니다.

그러나 감원이 어렵다 보니 명예퇴직이라는 비싼 대안을 택할 수밖에 없습니다. 지점장급 1명을 줄이는 데 정상 퇴직금 말고도 4억 원씩 추가 비용이 듭니다.[*] 명예퇴직을 선택하지 않은 지점장급 인력은 임금피크제가 시작되면 보직에서 물러난 후에 재취업 지원이라는 교육을 1년 이상 받고 자녀 학자금 지원과 건강검진 같은 혜택도 계속 받게 됩니다. 노동시장의 경직성 때문에 기업에는 추가적인 비용 말고도 신규로 젊은 인력을 채용하지 못해서 임직원의 역량 강화에 차질을 빚게 되는 등 부수적인 문제를 일으킵니다. 여기에 청년 취업난이라는 심각한 사회적 문제까지 일으키게 됩니다.

일본기업의 특징이던 종신고용과 장기고용도 1960~1990년 고도성장기의 신화였으며 일본 경제가 저성장기로 진입한 지난 30년간은 장기고용이 큰 부담이 되었습니다. 특히 일본은 실질적으로 사원이 기업의 주인이므로 고용안정을 최우선시하는 기업이 많아서 기업의 변화적응력과 혁신 역량이 약화되었습니다. 1990년대 초 이후 일본의 저성장기에 일본기업은 현상 유지와 점진적 혁신 이외에 이렇다 할 기술이나 경영혁신을 하지 못하고 있습니다. 한국기업도 이제부터 그럴 위험에 처해 있습니다.

지금까지 공부한 미국 경영 고전의 최대 화두는 혁신이었습니

---

[*] 『서울신문』 2023. 2. 12. 기사 「명퇴 손든 은행원에 10억」에 따르면 2022년에 KB은행은 713명의 희망퇴직자에게 정규퇴직금 외에 1인당 평균 3억 8,000만 원의 특별퇴직금을 주어서 총 2,725억 원이 들었고 신한은행은 388명에게 평균 3억 4,000만 원을, 우리은행은 349명에게 1인당 4억 4,000만 원을 특별퇴직금으로 주어서 각각 1,336억 원과 1,547억 원의 감원 비용이 발생했다고 한다.

다. 미국도 사실은 2001년 이후에 연간 경제성장률 2% 미만의 저성장기에 접어들었지만(2001~2010년의 평균 국내총생산 성장률은 1.79%, 2011~2020년의 성장률은 1.69%) 기업이 계속해서 기술혁신과 경영혁신을 이뤄 지금처럼 세계 경제를 주도하고 있습니다. 2001~2020년의 20년 동안 일본과 미국의 연평균 국내총생산 성장률은 1%포인트밖에 안 되는데 왜 일본만 장기침체라고 하고 미국에서는 그런 말이 안 나오는 걸까요? 미국기업이 혁신을 하는데 유리한 강점 중 하나는 노동시장의 유연성입니다. 따라서 이런 강점을 암묵적으로 전제한 미국의 경영학 책을 일본, 한국, 서유럽 국가에 바로 적용하기는 어렵습니다.

세 번째 한국 경영의 특징은 기업의 혁신 역량입니다. 한국의 산업화는 1970년경부터 기술을 도입해서 더 싸고 품질도 더 만족스럽게 만들면서 시작되었습니다. 이 과정은 주문자 상표 부착 생산OEM→생산자 주도 방식ODM→제조업자 브랜드 개발제조OBM라는 표현으로 정리됩니다. 이는 가치사슬의 극히 일부에서만 하다가 점차 그 범위를 확대해가는 과정을 가리킵니다. 조립만 하다가 부품을 만들기 시작하고 제품개발까지 가능할 정도로 엔지니어링 역량이 진보하고 해외 마케팅도 하고 유통도 하고 브랜드력을 키울 정도로 다운스트림 역량이 발전하여 온전한 회사로 발전해온 과정이지요. 그래서 이런 발전을 '빠른 모방자 전략'이라고 불렀습니다. 더 싸고 더 좋게 만들어도 여전히 모방자이기 때문에 우리 기업은 '개념 설계' 역량이 부족하다는 지적이 나옵니다. 원천적인 혁신은 못 한다는 거지요. 그러니까 컴퓨터, PC, 인터넷, 모바일폰, 인공지능과 같은 시대를 바꾸는 혁신제품을 개발할 능력은 없다는 겁니다.

그러나 3, 4차 산업혁명의 대부분의 발명과 혁신제품은 미국에서 나온 것이고 다른 선진국도 모방하거나 관련된 부품이나 소재와 장비를 만들어서 먹고살기 때문에 사실 한국기업이 특별히 창의력이 부족한 것은 아닙니다. 창의력의 차이보다는 미국 경제가 가진 강점이 너무 많기 때문이라고 봐야겠지요. 한국기업은 오히려 메모리 반도체나 평면 디스플레이LED, 통신기술, 2차전지와 같은 여러 산업에서 혁신제품을 만들어냈고 최근에도 전기차와 같은 신제품에서도 상당한 기술발전을 하고 있는 것을 보면 한국인이 스스로 창조적인 혁신 역량이 부족하다고 한탄할 일은 아니라고 봅니다. 1차 산업혁명 때 원천 기술은 주로 영국에서 나왔고 2차 산업혁명 때는 미국과 독일이 혁신 리더였지만 다른 선진국들은 나름대로 관련된 소부장이나 혁신제품의 개량과 추가적인 혁신을 통해서 자기 영역을 찾아서 번성했습니다. 따라서 한국기업이 1970년대 초에 단순한 경공업 제품의 기본적인 요구사항인 PQD(가격price, 품질quality, 배달delivery)의 충족으로 시작해서 여기까지 온 것은 대단한 학습능력입니다. 이 능력이 여기서 멈추지는 않겠지요?

다시 말하지만 한국기업의 혁신 역량을 여러 경제 여건이 훨씬 유리한 미국기업과 비교해서 비관하거나 자조할 필요는 전혀 없습니다. 미국의 예외적인 거대한 시장, 기초기술 기반, 개방된 노동시장, 잘 발달된 창업시장은 모방하기 힘드니까 한국이 가진 역량을 어떻게 활용할 것인가에 초점을 맞춰야 합니다. 미국 경영학 책이 제시하는 여러 가지 혁신방안을 아는 것은 필요하지만 모든 것을 따라 할 수는 없습니다.

이들 세 가지 특징 이외에도 몇 가지 더 생각해볼 수 있습니다. 한국기업의 발전에는 국민의 교육열이 매우 높아 고급인력이 대량으로 공급된 점이 크게 기여했습니다. 특히 1960년대 이후 이공계에 우수한 인력이 많이 진학한 것이 1990년 이후에 연구개발을 통해서 제조업의 경쟁력 강화에 데 결정적인 요인이었습니다. 또한 외부 충격에 대한 한국기업의 적응력과 회복탄력성에 관한 연구도 더 필요합니다. 1970~2022년의 기간에 여러 차례 위기가 왔지만 잘 견디고 더 나아가서 이를 성장의 기회로 삼은 기업이 많습니다. 앞으로 이러한 변화대응력과 회복탄력성의 근원이 무엇인지도 규명할 필요가 있습니다.

2부
인간의 본성 이해
: 인간의 본성은 무엇이며
어떻게 행동하는가?

1권

설득의 심리학

로버트 치알디니(Robert Cialdini, 1945~)

1. 저자

로버트 치알디니

이탈리아 이민자의 후손인 로버트 치알디니는 미국 위스콘신주의 공업도시 밀워키에서 태어났습니다. 아버지는 교육공무원이고 어머니는 주부였다고 합니다. 그는 5남 중 첫째로 위스콘신대학교를 졸업하고 노스캐롤라이나대학교에서 심리학 석사학위를, 컬럼비아대학교에서 심리학 박사학위를 받았습니다. 오하이오주립대학교, 캘리포니아주립대학교, 스탠퍼드대학교를 거쳐 애리조나주립대학교 교수로 일했고 현재는 애리조나주립대학교 명예교수로 있습니다.

『설득의 심리학』은 그가 39세였던 1984년에 쓴 첫 저서입니다. 그는 이 책을 쓰기 위해 중고차 딜러, 모금기관, 텔레마케팅 분야에 3년간 위장취업(?)을 하면서 연구한 것으로도 유명하죠. 책상 위에서 자료를 보며 쓴 게 아니라 현장을 굳건히 두 발로 딛고 저술한, 아주 독특한 책입니다.

　이 책은 비즈니스 심리학의 새 지평을 연 것으로 평가받습니다. 학술적, 임상적 영역에 머물던 심리학을 비즈니스 영역으로 가져왔으며 동시에 광고와 세일즈 기법 정도로만 여겨졌던 마케팅을 심리학의 영역으로 확장한 것이죠.

2. 핵심

상대방을 꼼짝없이 당하도록 만든다

애리조나주의 한 인디언 보석가게에서의 일입니다. 오랫동안 재고로 남아 있던 터키옥을 팔기 위해 주인이 출장을 가기 전에 지배인에게 간단하게 흘려 쓴 메모를 남겼죠.

'진열되어 있는 터키옥을 모두 반값에 처분하세요.'

며칠 후 출장에서 돌아와 보니 터키옥의 재고는 모두 정리되어 있었답니다. 그런데 놀라운 건 지배인이 주인의 글씨를 잘못 읽어서 2배의 가격에 팔라는 것으로 이해한 것입니다. 더욱 놀라운 일은 기존보다 2배나 비싼 가격에도 불구하고 그토록 팔리지 않던 터키옥이 3일 만에 모두 팔려버린 사실이었죠. 대부분 부유층에 속하는 관광객들은 터키옥에 관한 지식이 별로 없었기 때문에 지배인은 그들의 구매결정에서 '비싼 것=품질이 좋은 것'이라는 일반적 기준인 고정관념을 사용했던 겁니다.

비록 처음에는 오해로 인해 기대하지 않은 이익을 얻었지만 오래지 않아 주인이 '비싼 것=품질이 좋은 것'이라는 사람들의 고정관념을 보다 정기적으로 그리고 의도적으로 이용할 것이라는 상상을 그리 어렵지 않게 할 수 있습니다. 관광의 성수기가 다가오면 주인은 가장 실적이 저조했던 보석의 재고를 정리하기 위해 그 보석에 얼토당토않은 높은 가격을 붙여놓겠죠. 만일 그 보석이 기대했던 대로 빨리 팔리지 않는다면 원래 가격으로 되돌리면서 '이 제품의 정상 가격은 얼마인데, 지금 얼마에 판매합니다.'라는 꼬리표를 붙여 비싼 것을 선호하는 관광객의 시선을 끌어 여전히 많은 이득을 취할지도 모릅니다.

무서운 일이죠. 하지만 피하기 쉽지 않습니다. 터키옥 판매상과 같은 부류의 사람들은 적절한 환경에서 적절한 방법으로 '영향력을 끼치는 도구'를 사용하면 상대방을 꼼짝없이 당하도록 만들 수 있다는 것을 알고 있습니다. '영향력을 끼치는 도구'를 '유발기제the trigger feature'라고 합니다. 칠면조 실험이 유명한데요. 칠면조는 족제비가 천적이라는 것을 본능적으로 알고 있죠. 어미 칠면조는 족제비만 보면 꽥꽥거리며 달려듭니다. 박제된 칠면조에 대해서도 마찬가지였죠. 그런데 이 박제된 칠면조에게 '칩칩Chip-Chip'이란 소리를 내는 장치를 달았습니다. '칩칩'은 새끼 칠면조가 내는 의성어입니다. 이 소리를 듣자 어미 칠면조가 박제된 족제비를 포근

칠면조 실험

| 어미 칠면조에게 천적인 박제된 족제비를 보여주었더니 처음에는 박제된 족제비를 공격했지만 | 새끼 칠면조가 내는 소리 "칩칩Chip-Chip" | 박제된 족제비에 녹음기를 설치해 새끼가 내는 "칩칩Chip-Chip" 소리를 들려주자 | 놀랍게도 어미 칠면조는 박제된 족제비를 우호적으로 대하고 새끼처럼 안아주기까지 했다. |

하게 감싸더라는 겁니다! 이를 통해 어미 칠면조의 모성본능이 '칩칩'이란 소리에 자동으로 반응한다는 사실을 알게 되었죠.

동물의 세계에서만 발생하는 일일까요? 그렇지 않습니다. 여러분이 백화점에 정장과 셔츠를 사러 갔다고 해보죠. 매장에서는 어떤 것을 먼저 보여줄까요? 정장입니다. 셔츠가 75달러고 정장이 275달러라고 합시다. 75달러의 셔츠 가격은 높지만 275달러짜리 양복을 구입한 다음에 추가로 75달러를 지출하는 것은 별거 아니라는 거죠. 그래서 비싼 것을 먼저 보여주라고 점원들에게 가르칩니다.

어디 그뿐인가요? 우리는 누구나 성급하게 승낙하거나 필요 없는 물건을 사놓고 후회한 적이 있습니다. 만약 우리에게서 승낙을 끌어냈던 바로 그 기술의 원리를 우리가 터득한다면 얼마나 좋을까요? 불필요한 설득을 당하지 않을 뿐 아니라 필요한 승낙을 쉽게 얻어낼 수 있겠죠. 그래서 치알디니는 『설득의 심리학』에서 다음과 같은 여섯 가지 원칙을 제시하고 있습니다.

『설득의 심리학』의 여섯 가지 원칙

법칙	내용	원리	공격 방법
1. 상호성의 원칙	샘플을 받아본 상품은 사게 될 가능성이 높다.	빚을 지면 갚아야지.	먼저 호의를 베풀어서 상대방을 빚진 상태로 만드세요.
2. 일관성의 원칙	내가 선택한 상품과 서비스가 최고라고 믿고 싶어한다.	결정했으니 지켜야지.	일단 상대방에게 작은 요청을 해서 자발적으로 그 요청을 수락하게 한 다음에 더 큰 요청을 하세요.
3. 사회적 증거의 원칙	'가장 많이 팔린' 상품은 '더 많이' 팔릴 것이다.	다들 하니까 옳겠지.	여러분의 제품(서비스)을 구입한 사람들의 명단을 잠재고객에게 보여주세요.
4. 호감의 원칙	잘생긴 피의자가 무죄 판결을 받을 가능성이 높다.	마음에 드니까 좋은 사람일 거야.	제품(서비스)을 팔기 전에 여러분의 매력을 파세요.
5. 권위의 원칙	상 받은 상품, 큰 체구, 높은 직책, 우아한 옷차림에 약하다.	저런 대단한 사람이 틀릴 리 없어.	고객에게 '저 사람은 전문가인데 나에게 도움을 주는구나.'라는 믿음을 주세요.
6. 희귀성의 원칙	한정판매, 백화점 세일 마지막 날에 사람들이 몰린다.	얻기 어려우니 좋은 물건일 거야.	여러분의 상품구매가 조만간 힘들어진다는 것을 은근히 알리세요.

1. 상호성의 원칙

상호성의 원칙reciprocity은 서로 혜택을 주고받는다는 뜻인데요. 친한 친구로부터 초콜릿을 받았다면 답례로 쿠키를 준비하는 것이 상호성입니다.

어느 대학의 교수가 다음과 같은 재미있는 실험을 합니다. 성탄절을 맞이하여 전혀 알지 못하는 낯선 사람들의 이름과 주소를 선정한 후 카드를 보냈다고 합니다. 얼마만큼의 답장이 올까 궁금했는데 놀랍게도 엄청난 양의 카드를 받았다는군요. 그가 한 번도 만난 적이 없는 사람들인데도 말이죠. 사실 상대방은 그저 카드를 받으면 무조건 답신해야 한다는 고정관념에 따라 행동했을 뿐입니다. 이처럼 상호성의 원칙은 막강한 힘을 갖고 있죠.

우리는 누군가 우리에게 베푼 호의를 그대로 갚아야 한다는 강박관념에 시달립니다. 주변에서 어르신의 부고를 받을 때 그 사람이 내 경조사에 얼마를 부조했는지 확인하죠. 내가 받았던 것이 공짜가 아니라 분명 미래에 갚아야 할 빚이라는 것을 알고 있는 겁니다.

여러분도 먼저 호의를 베풀어서 상대방을 빚진 상태로 만드세요. 공짜 샘플을 많이 뿌리고 잠재고객에게 2~3일간 무료로 사용하도록 권유하세요. 물론 아무 조건도 없이 말이죠.

2. 일관성의 원칙

일관성의 원칙commitment and consistency은 일단 작은 요청을 해서 상대방이 자발적으로 그 요청을 받아들이게 한 다음에 더 큰 요청을 하라는 것입니다.

자원봉사자로 변장한 실험자가 캘리포니아의 부자 마을의 A지역을 돌면서 그들의 예쁜 정원에 '조심해서 운전합시다'라는 글씨가 삐뚤빼뚤 쓰인 간판을 걸어도 되느냐고 요청했습니다. 17%가 승낙했으니까 83%는 거절한 거죠. 그런데 같은 마을의 B지역에선 76%가 승낙했어요. 어찌된 일일까요? 실은 B지역에선 2주 전에 '나는 안전운전자입니다'라는 작은 스티커를 차에 붙이고 다니길 요청했거든요. 이건 별거 아니니 다들 자발적으로 들어주었지요.

그 후에 큰 걸 요청하니까 일관성의 원칙에 따라 자동적으로 승낙하게 된 겁니다.

3. 사회적 증거의 원칙

사회적 증거의 원칙social proof은 다수의 행동을 따르는 심리 경향을 일컫는 말인데요. 일반적으로 다른 사람들이 하는 대로 행동하면 실수할 확률이 줄어들죠. 불우이웃돕기 등 기부금 모집행사를 할 때 TV에서는 이미 기부금을 약속한 사람들의 명단을 끊임없이 제공하죠. '보세요. 이렇게 많은 사람이 기부금 행사에 참여하고 있잖아요. 당신도 망설이지 말고 이 행사에 참여하세요!'라는 메시지를 보내는 거죠.

우리 기업의 제품이나 서비스를 이미 구입한 사람들의 명단을 잠재고객에게 보여주세요. 가능하면 잠재고객과 유사한 분야에 있는 사람들을 먼저 소개하면서 말이죠. '싸다' '좋다' '안전하다' 등의 수식어보다 '남들도 이미 샀다'는 사실이 얼마나 막강한 판매전략인지 느끼실 겁니다.

4. 호감의 원칙

호감의 원칙liking은 마음에 드는 사람의 뜻에 따르려는 심리 성향으로 잘생긴 피의자일수록 무죄 판결을 받을 가능성이 크다는 연구결과가 있을 정도죠. 우리 기업의 제품이나 서비스를 팔기 전에 여러분의 매력을 파세요. 키가 작다고요? 못생겼다고요? 괜찮

호감의 원칙

신체적 매력	– 후광효과란 어떤 사람의 긍정적인 특성 하나가 그 사람 전체를 평가하는 데 결정적인 영향을 미친다는 이론. – 잘생긴 사람은 으레 능력 있고 친절하고 정직하며 머리가 영리할 것으로 연상됨 – 선거에서, 구인시장에서, 연봉 협상에서, 긴급상황에서 도움을 받을 가능성에서 청중의 의견을 변화시키는 데도 외모가 잘생긴 사람은 더욱 유리함
사소한 공통점	– 신체적 매력이라는 요소를 사용하여 나를 좋아하게 만든다는 것은 그림의 떡에 불과함. 그렇다면 다른 요소는? – 그것은 바로 '유사성'. 우리는 우리와 닮은 사람을 좋아함: 의견, 성격, 생활양식 등 – 영업 전략을 가르치는 강사들은 훈련생들에게 고객의 신체적 자세, 분위기, 말하는 스타일과 비슷하게 혹은 거울을 보듯 똑같이 따라 하라고 가르침
칭찬	– 인간의 본성은 칭찬에 굶주려 있다는 것 – 사람들은 명백한 사탕발림이라 할지라도 그러한 칭찬의 말을 좋아함

습니다. 잠재고객과 여러분의 공통점을 찾으세요. 혈연, 지연, 학연을 찾아보고 정 안 되면 그 사람과 옷차림을 비슷하게 해보세요. 사람들은 사소한 공통점에도 호감을 갖고 매출로 이어지죠. 치알디니는 호감으로 신체적 매력, 사소한 공통점, 그리고 칭찬을 꼽았습니다.

이러한 요소를 잘 활용한 마케팅이 '타파웨어 마케팅'이었습니다. 흔히 '타파웨어 파티'라고 불렀죠. 파티가 시작되기 전에 주최 측은 간단한 게임을 통해 참가자들 모두에게 상품을 줍니다(상호성의 원칙). 그다음 이전에 타파웨어 제품을 사용해본 경험이 있는 사람에게 공개적으로 타파웨어의 우수성에 대해 설명하도록 요청하죠(일관성의 원칙). 타파웨어의 구매가 시작되면 자신과 비슷한 주

타파웨어 마케팅

부들이 제품을 구입하고 있다는 사실이 사회적 증거가 되어 제품이 우수할 것이라는 생각을 하게 됩니다(사회적 증거의 원칙).

파티는 친구가 주최했습니다. 그 친구가 이 파티를 위해 일부러 친구들을 초대했고 그 결과 파티의 총매출금 중 일부를 받게 될 것을 알면서도 참석합니다. 친구니까요(호감의 원칙). 그리고 나중에 내가 파티를 주최할 수도 있으니까요(상호성의 원칙).

5. 권위의 원칙

권위의 원칙authority은 전문가들의 방향 제시에 대한 의존 심리입니다. 이야기를 하나 들려드리죠. 한 주치의가 처방전을 통해 귀에 염증을 앓고 있는 환자에게 오른쪽 귀에 투약할 것을 지시했습니다. 의사는 처방전에 "Place in Right ear(오른쪽 귀에 투약하시오)."라고 써야 할 것을 약식으로 "Place in R ear."라고 적었습니다. 이 처방전을 받아든 간호사는 의사의 처방전을 "Place in Rear(뒤에, 즉 항문에 투약하시오)."로 오해하고 귀에 넣어야 할 약을 환자의 항

권위의 원칙

직함	- 직함은 가장 성취하기 어려운 반면 가장 쉽게 사칭할 수 있는 권위의 상징 - 명문 대학 교수로 재직하고 있는 친구의 이야기. 그 친구의 여행이 취미였기 때문에 음식점, 주점, 터미널, 공항 등에서 낯선 사람들과 많은 대화를 나눔. 그가 명문 대학의 교수라는 사실을 밝히는 순간 그들의 대화는 전혀 다른 양상으로 흐름. 친구의 의견에 활발하게 반대도 하면서 재미있게 이야기하던 사람들이 갑자기 친구의 의견을 아무런 반대 없이 듣고 심지어 문법까지 신경쓰면서 말함.
옷차림	- 평상복과 청원경찰복 실험. 길가의 쓰레기를 주우라는 지시에 대한 복종 정도를 실험함. 각각 평상복과 청원경찰복을 입은 두 사람이 "저쪽에 남자 보이죠? 주차시간이 넘었는데 잔돈이 없답니다. 그에게 동전을 주십시오!"라고 말하고 사라지면, 평상복을 입은 사람에게는 절반도 따르지 않은 반면에 청원경찰복을 입은 사람에게는 거의 모든 행인이 지시사항을 수행함. - 작업복과 신사복 실험. 교통신호 위반 시 작업복을 입은 사람과 신사복을 입은 사람의 뒤를 따르는 보행자 수의 차이를 실험함. 신사복을 입은 사람의 뒤를 따른 사람들이 3.5배로 많음.
자동차	소형차에 대해서 사람들은 전혀 인내심을 보이지 않고 신호가 바뀌자마자 앞의 소형차를 향해 마구 경적을 울림. 그러나 고급차에 대해서는 절반의 사람들이 앞 차가 움직일 때까지 경적에 손도 대지 않음.

문에 집어넣고 말았습니다. 귀에 염증을 앓고 있는 환자에게 항문에 투약하는 것은 아무리 생각해도 이해가 되지 않았지만 환자와 간호사 어느 누구도 이 처방전을 의심하지도 않고 이의를 제기하지도 않았다고 합니다.

우리 삶의 다양한 형태 중에서 합리적 권위에 대한 압력이 가장 가시적이고 강력한 분야가 '의학' 분야입니다. 건강은 우리에게 무엇보다 중요하죠. 따라서 사람들은 의사가 건강에 대한 전문 지식을 갖추었다는 이유 때문에 존경과 권위를 부여합니다. 어느 누구도 의사의 판단에 도전하지 않죠. 그런 이유로 의사의 지시에 자동

적으로 그리고 무조건적으로 복종하는 것이 병원의 직원들 사이에
불문율이 되어버린 겁니다.

전문가의 말이 설득력을 지니는 것은 권위 때문이죠. 치알디니
는 일상의 비즈니스에서 설득을 위해 권위를 활용하는 방법으로
직함, 옷차림, 심지어 자동차를 제시합니다.

6. 희귀성의 원칙

희귀성의 원칙scarcity은 자원이 적을수록 더 간절히 갖고 싶은
욕망으로 인해 한정판매나 세일 마지막 날에 사람이 몰리는 현상
을 설명합니다.

희귀성의 원칙을 적용하는 방법으로는 사람들에게 상품 구매가
조만간 힘들어진다는 것을 은근히 알리는 방법이 있죠. 소고기 수
입업자가 도매업자에게 전화를 거는 실험을 했습니다. A집단에겐
가격을 알려주고 주문량을 물었습니다. B집단에겐 추가로 공급이
다음 달에 줄어들 것이라는 정보를 주었습니다. C집단에겐 추가로
그 정보를 매우 어렵게 얻었으며 당신에게만 알려준다고 했습니
다. 결과는 어땠을까요? A집단보다 B집단은 2배, C집단은 6배 더
많이 구매했다고 합니다.

행동경제학은 어떻게 탄생했는가?

정구현 이 책의 기본 전제는 인간이 반드시 합리적으로만 행동하는 건 아니라는 주장입니다. 기존 경영학에서도 이런 경향을 '제한된 합리성'이라고 표현합니다. 그런데 마치 J. March와 시몬 H. Simon이 제안한 제한된 합리성의 전제는 정보와 시간의 제약으로 인해서 인간이 합리적인 의사결정을 하지 못하는 경향이 있다는 것인데요. 그런데 이 책의 전제는 정보의 부족이 아니더라도 인간이 불합리한 의사결정을 한다는 거죠. 여섯 가지 원칙 중에서 일관성, 권위 맹종, 호감, 군중심리(다수를 따르는 것) 같은 경향은 반드시 정보의 부족으로 인한 것은 아닐 수 있죠. 그런 점에서 이런 인간의 경향이 사실이라면 기존 경영학이나 경제학 이론을 수정해야 하지 않을까요? 그래서 행동경제학이라는 분야가 나오고 노벨 경제학상도 이 분야에서 나왔죠.

조직 내에서도 여섯 가지 원칙이 적용될까

정구현 이 책에서 말하는 '사람의 마음을 사로잡는 6가지 불변의 원칙'이 조직 내에서도 적용될까요? 이런 방법은 개인 간 거래에서 많

아 나타나는 것 같은데요. 소위 독립기업 간 거래arm's length transac-
tion*입니다. 기업은 위계질서이기 때문에 권력이 직위와 직책에 따
라서 많이 좌우되겠죠? 기업에서 권력이란 지위와 돈을 말합니다(인
사권과 현금배분권).

그런 점에서 설득의 심리학의 모든 원칙이 가족이나 기업 내에서
처럼 정기적인 인간관계에서는 적용하기 어려울 것 같습니다. 굳
이 꼽자면 여섯 가지 원칙 중에서 상호성이나 호감 정도가 적용되
겠죠.

---

* 거래의 양측 당사자가 본인들의 이익을 위해 합리적으로 행동하는 것을 의미함

2권

—

넛지

리처드 탈러(Richard Thaler, 1945~)　　캐스 선스타인(Cass Sunstein, 1954~)

1. 저자

리처드 탈러와 캐스 선스타인

리처드 탈러는 시카고대학교 행동과학과 경제학 석좌교수이자 경영대학원 의사결정연구센터의 책임자입니다. 행동경제학을 경제학계에 알리는 데 기여해왔으며 의회에도 적극적으로 출석해서 '넛지'를 활용한 자신의 방법론을 제도권으로 들여왔죠. 2017년 노벨경제학상을 수상했습니다.

    캐스 선스타인은 헌법, 행정법, 환경법, 법률 및 행동경제학 연구로 유명한 미국의 법학자입니다. 탈러 교수와 함께 『넛지Nudge』를 집필해 유명해졌습니다. 2009년부터 2012년까지 오바마 행정부에서 백악관 정보 및 규제 사무국장을 지냈습니다.

2. 핵심

타인의 선택에 부드럽게 개입한다

넛지nudge라는 단어를 아시나요? '팔꿈치로 슬쩍 찌르다' '주의를 환기시키다'는 뜻입니다. 2008년 리처드 탈러와 캐스 선스타인이 집필한 책의 제목으로 등장했는데요. 저는 그전까지 이 단어를 몰랐습니다. 그런데 책이 히트하면서 하도 넛지, 넛지 하니까 이젠 입에 붙었습니다. 저자들은 이 단어의 의미를 격상하여 '타인의 선택을 유도하는 부드러운 개입'이라고 정의합니다. '내가 원하는 대로 상대방을 움직이게 하는데 이를 상대방도 기분 좋게 하도록 한다' 정도로 이해하면 되겠습니다.

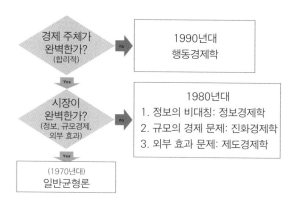

경제학의 흐름

경제 주체가
완벽한가?
(합리적)
→ no → 1990년대
행동경제학

↓ Yes

시장이
완벽한가?
(정보, 규모경제,
외부 효과)
→ no → 1980년대
1. 정보의 비대칭: 정보경제학
2. 규모의 경제 문제: 진화경제학
3. 외부 효과 문제: 제도경제학

↓ Yes

(1970년대)
일반균형론

인간은 합리적이지 않다

이 책은 행동경제학을 다루고 있습니다. 잠시 행동경제학의 역사를 살펴보겠습니다.

1970년대까지 경제학은 경제 주체와 시장이 합리적이라는 가설을 따랐습니다. 그러다 1980년대부터 '과연 시장이 완벽한가?'라는 의문을 갖게 되었죠. 그 당시엔 인터넷도 없었기에 중고차 딜러와 구매자가 갖고 있는 정보가 달랐습니다. 구매자가 제대로 된 정보를 갖고 있지 못하면 속여 파는 일이 다반사였죠. 오죽하면 '레몬 마켓*'이란 용어까지 생겼겠습니까? 그러다가 1990년대에는 시장은 고사하고 '과연 경제 주체는 완벽한가?'라는 의문을 갖게 됩니다. 그러면서 경제 주체, 즉 인간은 합리적이지 않다는 가정하

---

* 저급품만 유통되는 시장을 일컫는 말

행동경제학의 역사

○ 1979년
  트버스키와 카너먼
  전망이론 발표

○ 2002년
  카너먼 노벨경제학상 수상

○ 2017년
  탈러 노벨경제학상 수상

에 행동경제학이 대두됩니다.

행동경제학 하면 트버스키Amos Tversky와 카너먼Daniel Kahneman
이 떠오릅니다. 이들은 1979년에 전망이론을 발표하고 이를 계기로
2002년에 노벨 경제학상을 수상합니다. 트버스키는 1996년에 세
상을 떠났는데 카너먼은 연구의 공을 트버스키에게 돌리죠. 이 카너
먼에게 영향받은 학자가 탈러입니다. 그가 2017년에 노벨 경제학상
을 받으면서 행동경제학은 다시금 세상 사람들의 관심을 끕니다.

전망이론을 간단히 설명하면 이런 겁니다. 2,000원을 100% 받
을 수 있는 기회와 주사위를 굴려 숫자 1이 나오면 1만 2,000원
을 받을 수 있는 기회가 있다고 하면 대부분 사람들은 주사위를 굴
립니다. 2,000원은 있으나 마나 하지만 1만 2,000원은 쓸모가 있
다는 거죠. 20억 원을 100% 받을 수 있는 기회와 6분의 1의 확률

전망이론의 사례

사례1	돈	2,000원을 100% 받을 수 있는 기회	행동	대부분 주사위를 굴린다
	주사위	주사위를 굴려 1이 나오면 1만 2,000원을 받을 수 있는 기회	왜	2,000원은 있으나 마나지만 1만 2,000원은 탐나기 때문
사례2	돈	20억 원을 100% 받을 수 있는 기회	행동	대부분 20억 원을 선택
	주사위	6분의 1의 확률로 120억 원을 받을 수 있는 기회	왜	20억 원은 거액이기 때문

로 120억 원을 받을 수 있는 기회가 있다면 대부분 사람들은 20억 원을 선택합니다. 20억 원이면 충분한데 이를 놓칠 확률이 6분의 5나 되는 게임을 할 이유가 없다는 거죠. 똑같은 확률인데 사람들의 행동이 달라집니다. 합리적이지 않다는 거죠. 그래서 행동경제학이 대두됩니다.

인간은 인지적 구두쇠이다

행동경제학을 공부하려면 시스템 1과 시스템 2를 알아야 합니다. 시스템 1은 자동시스템입니다. 무의식적으로 반응하죠. 빠르게 생각하는 것이라 핫씽킹hot thinking이라고도 합니다. 시스템 2는 숙고시스템입니다. 생각하고 반응하죠. 느리게 생각하는 것이라 쿨씽킹cool thinking이라고도 합니다.

다음의 그림의 왼편을 보면 한 여성이 짜증을 내고 있음을 알 수 있습니다. 그냥 보기만 하면 알 수 있죠. "혹시 화 나셨나요?"라고 물어봤다간 따귀를 맞을 수도 있을 것 같네요. 반면 오른편의 계산은 쉽지 않습니다. 암산으로 답을 찾는 것은 무리죠. 종이와 펜으

자동시스템과 숙고시스템

시스템1	시스템2
자동시스템	자동시스템
통제불능	통제가능
노력 필요 없음	노력 필요
빠르게 생각하기	천천히 생각하기
무의식적	의식적
핫싱킹	쿨싱킹

시스템 1과 시스템 2

17X24
=?

빠르게 생각하기	빠르게 생각하기
시스템1 핫싱킹	**시스템2** 쿨싱킹
즉각적으로 작동, **충동적이고 직관적**	시스템1보다 집중과 노력이 필요, **신중하고 추론적**

로 계산을 하거나 휴대폰에 있는 계산 앱을 사용하겠죠.

뇌의 무게는 사람 몸무게의 2% 정도인데 사용하는 에너지의 양은 20%라고 합니다. 그래서 가능한 한 뇌를 적게 사용하려 한다는 군요. 생각도 덜 하려고 하겠죠. 이를 인지적 구두쇠라고 부릅니다. 그래서 대부분의 상황에서는 시스템 1이 작동합니다. 빠르고 효율적이지만 간혹 실수도 하죠.

실수 중에 유명한 것으로 야구공과 야구 방망이의 가격을 맞추

인지적 구두쇠
'시스템1'과 '시스템2'

의사결정시 **시스템1** 이 판단하지 못하면 ➡ **시스템2** 가 작동하여 판단함

최소한의 시간과 노력으로 판단하는 **시스템1**
빠르고 효율적이나 **실수할 때도 많음**

어림짐작
시스템1 에 의해서만 판단하는 것

편향
어림짐작이 빚어내는 실수

는 문제가 있습니다. '공과 방망이의 가격이 합쳐서 1만 1,000원인데, 방망이가 공보다 1만 원 비싸다. 공은 얼마인가?'입니다. 대부분 1,000원이라고 대답합니다. 틀렸습니다. 답은 500원입니다. 틀렸다고 부끄러워할 필요는 없습니다. 미국 명문대 학생의 절반 이상이 틀렸다고 합니다.

CEO는 선택설계자다

『넛지』가 유명해진 계기 중 하나는 남자 화장실 소변기에 붙어 있는 파리 이야기 때문입니다. 요즘은 하도 들어서 식상하지만 소변기에 파리를 그렸더니 밖으로 새는 소변량이 무려 80%나 줄었다는 이야기입니다. 소변을 보는 남성들이 '조준 사격'을 하는 재미로 파리를 겨냥했기 때문이라죠. 네덜란드 암스테르담 공항에서 이 이야기가 시작됐다고 하는데요. 2022년 가을 암스테르담 공항

선택설계의 힘

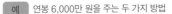

예 연봉 6,000만 원을 주는 두 가지 방법

1 매월 500만 원씩 지급

2 매월 300만 원씩 지급+600만 원×4회 보너스

어느 경우가 저축률이 높을까? 후자

왜일까? 전자는 매월 500만 원을 쓰는 소비패턴
후자는 매월 300만 원을 쓰는 소비패턴

을 샅샅이 뒤졌는데 발견하지 못했습니다.

소변기에 파리를 그린 사람을 '초이스 아키텍트choice architect',
즉 선택설계자라고 합니다. '소변기에 좀 더 가까이 가라.' '밖으
로 튀지 않도록 조심하라.'라고 말하지 않았지만 소변기 이용자들
은 스스로 가까이 갑니다. 대단한 거죠. 이렇게 선택설계는 중요합
니다. 연봉 6,000만 원을 준다고 해보죠. 매월 500만 원씩 줄 수도
있고 매월 300만 원씩 주고 600만 원씩 4차례 보너스를 줄 수도
있습니다. 전체적으로는 같지만 후자가 저축을 더 많이 합니다. 전
자는 매월 500만 원 생활에 익숙해 있는 반면, 후자는 300만 원에
맞춰져 있으니까요. 어떻게 주는가는 CEO의 선택사항이지요. 그
렇습니다. 모든 CEO는 선택설계자입니다. 넛지를 제대로 공부해
야 하는 이유죠.

국민의 행동을 유도해보자

넛지는 기업뿐만 아니라 정부에서도 활용합니다. 미국 텍사스주는 고속도로에 버려지는 쓰레기를 줄이기 위해 막대한 자금을 들여 요란한 광고 캠페인을 벌였습니다. 쓰레기를 아무데나 버리지 않는 것이 시민의 의무라고 강조했죠. 시민들은 의무를 지켰을까요? 오히려 더 안 지켰답니다. 사람들은 아무리 옳은 일이라도 자신이 계몽이나 훈계의 대상이 되는 걸 몹시 싫어합니다. 게다가 하라고 하면 더 안 하고, 하지 말라고 하면 더 하려는 청개구리 심보를 부리는 경향이 있죠. 생각만큼 쓰레기가 줄지 않았습니다.

주 당국은 발상을 전환했습니다. 인기 풋볼 팀인 댈러스 카우보이즈Dallas Cowboys의 선수들을 참여시켜 그들이 쓰레기를 줍고 맨손으로 맥주 캔을 찌그러뜨리며 "텍사스를 더럽히지 마!Don't mess with Texas!"라고 으르렁대는 텔레비전 광고를 제작한 거죠. 캠페인 1년 만에 쓰레기는 29%나 줄었고 6년 후에는 72%나 감소했다고 하네요. 텍사스 주민의 95%가 이 표어를 알고 있으며 2006년에는 미국이 가장 사랑하는 표어로 압도적인 지지를 얻어 뉴욕시 메디슨 거리를 행진하는 영광을 누리기도 했습니다.

국가 정책에도 넛지가 쓰입니다. 연금 가입의 예가 그렇습니다. 연금에 들지 안 들지는 국가가 보장한 자유입니다. 연금 가입을 원하면 들고 원하지 않으면 들지 않습니다. 그래서 가입률이 높지 않습니다. 이를 기본적으로는 연금에 가입하되 원하지 않는 사람은 탈퇴하도록 시스템을 바꿉니다. 사람이 합리적으로 행동한다면 결

텍사스주의 광고 캠페인

과가 같아야 합니다. 그런데 가입률이 90%까지 치솟습니다. 영국을 비롯해 여러 나라 정부에 '넛지팀'으로 불리는 행동경제학 인사이트 조직이 있는 것은 넛지를 활용해서 정부가 원하는 방향으로 국민의 행동을 유도하기 위함입니다.

고전 경제학은 지루하지만 행동경제학은 재미있습니다. 인간이기 때문에 그럴 수 있겠구나 하는 항목이 넘쳐나죠. 구매의사를 묻는 것만으로도 구매율을 35%나 올릴 수 있다고 하네요. 눈을 부릅뜨고 공부해야겠죠? 영국 정부의 '넛지팀'처럼 말이죠.

Q&A

우리는 대부분 비현실적 낙관주의자다

정구현 이 책에서는 대다수 사람들이 자신을 평균 이상이라고 생각하는 것이 '비현실적인 낙관주의이고 비합리적'이라고 주장합니다. 학생도 교수도 모두 자기가 중간 이상은 간다고 생각한다는 것이죠. 사업에 대한 성공 가능성에 대해서도 사람들이 비현실적으로 낙관한다는 건데요. 이 현상은 사실은 바람직한 것 아닌가요? 미래를 낙관해야 사람들이 희망을 갖고 살지 않겠어요? 사업이 잘될 거라는 믿음 없이 어떻게 사업을 하나요? 스타트업의 성공률은 잘해야 20% 정도밖에 안 될 텐데요. 또한 실패를 통해서 배우기도 하고요. '비현실적 낙관주의'는 인간의 본성인데 이걸 비합리적이라고 하는 건 잘못된 거 아닐까요? '합리적 현실주의자'만 있는 세상은 너무나 건조할 것 같지 않나요? 이런 사람은 대학에나 있어야지 사업을 하면 안 될 것 같은데요.

동양 고전을 보면 인간을 안다

정구현 이 책의 출발점은 서양 현대경제학의 전제인 인간의 합리성입니다. 그런데 우리 동양에서는 이미 인간이 비합리적이라는 점을 알고 있었죠. 중국 고사에 조삼모사朝三暮四라고 있잖아요. 송나라 때 고사이고 상대가 원숭이이긴 해도 일찍이 인간의 불합리하고 어리석은 면모를 보여준 거죠. 그런 점에서 인간의 본성에 대해서는 동양의 고전을 읽는 게 더 필요할 것 같습니다.

3권

삶의 정도

윤석철(1940~)

1. 저자

윤석철

1940년 충남 공주에서 태어난 윤석철 교수는 1958년 '라인강의 기적'을 이룬 독일을 배우고 싶어 서울대학교 독어독문학과에 입학했습니다. 그러나 국가 발전을 위해서는 독일을 배우는 것만으로는 부족하고 과학을 공부해야 한다고 여겨 물리학과로 전과한 후 수석으로 졸업합니다. 배움에 대한 욕구는 끊임없이 이어져 미국 펜실베이니아대학교에서 전기공학과 경영학 박사학위를 모두 취득했습니다.

인문, 사회, 자연과학을 넘나드는 학문 이력은 저자가 경영학을 바라보는 시각에도 고스란히 반영되었습니다. "경영학은 기업이 잘되기 위해 필요한 종합적 학문이므로 어느 한 분야만 다루는 것은 불충분하다."라는 것이 저자의 지론이죠.

　윤석철 교수는 정말이지 학문에 열심이어서 아내가 싸준 도시락을 먹으며 연구실에만 있었다고 합니다. 1981년『경영학적 사고의 틀』을 저술한 후 10년마다 책을 쓰겠다고 작정했습니다. 1991년『프린시피아 매네지멘타Principia Managementa』, 2001년『경영학의 진리체계』, 2011년『삶의 정도』가 그 결과물이죠. 2011년 책의 말미에 '이젠 더 이상 약속을 지키기 힘들겠다'는 말이 나옵니다. 하긴 일흔을 넘긴 나이에 이 책을 썼으니 여든까지 글을 쓰기에는 힘들겠다고 생각했을지도 모르겠습니다.

　나라마다 '그 나라의 피터 드러커'라 불리는 사람들이 있습니다. 찰스 핸디는 영국의 피터 드러커, 헤르만 지몬은 독일의 피터 드러커, 헨리 민츠버그는 캐나다의 피터 드러커라고 합니다. 출판사가 책 홍보를 위해 억지로 지어낸 말일지도 모릅니다. 어쨌든 한국의 피터 드러커를 꼽으라면 윤석철 교수가 아닐까요?

2. 핵심

복잡화를 떠나 간결함을 추구하라

이 책의 제목은 『삶의 정도』입니다. 살아가는 데 올바른 길이 있고 그렇지 않은 길이 있을까요? 도덕적으로 살라는 이야기일까요? 궁금한 마음 반, 설레는 마음 반으로 책을 펼칩니다.

이 책의 서문은 '후배들에게 해주고 싶은 첫마디'로 시작합니다. 바로 '복잡화complexity를 떠나 간결함simplicity을 추구하라.'라는 것입니다. 70여 년을 살아온 삶의 지혜를 한마디로 표현하고 싶은 것이겠죠.

세상이 복잡해질수록 사람들의 머릿속 생각과 욕망과 가치관도 복잡해집니다. 그만큼 기업이 시장에 내놓는 제품 사양이 복잡해지면서 제조 원가와 고장 확률도 높아집니다. '복잡화' 추세가 현대

2010년 칠레 광산 광부 구조 사건

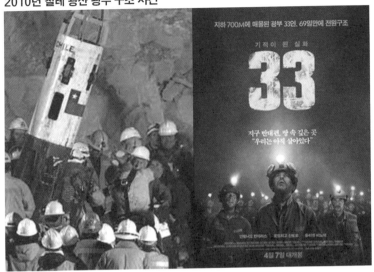

문명의 '도전'이라면 그에 대한 '응전'은 '간결화'에서 찾아야 합니다. 갑자을축 하는 60진법이 10진법을 거쳐 0과 1만 사용하는 2진법이 발명되면서 디지털 문명이 가능해졌죠. 바로 간결화의 위력입니다.

저자는 0과 1만 사용하는 2진법처럼 2개 요소만으로 삶의 복잡한 세계를 분석하고 삶에 필요한 모든 의사결정을 내릴 수 있는 방법을 찾고 싶었습니다. 그 2개 요소로 '목적함수'와 '수단매체'를 제안합니다. 목적함수란 인간의 삶의 질을 높이기 위한 노력의 방향이고 수단매체란 목적함수를 달성하기 위해서 필요한 수단적 도구로 정의합니다.

좀 어렵죠? 실제 사례를 살펴보죠. 2010년 8월 칠레 광산에 광부 33명이 갇혔습니다. 매몰된 광부들은 크리스마스 때나 구조가 가능했는데 너무 긴 시간이었죠. 이때 목적함수를 최대한 빨리 구출하는 것으로 단순화했습니다. 그랬더니 수단매체로 망치공법이 채택되었죠. 비용절감 같은 복잡한 문제는 접어버렸습니다. 목적함수와 수단매체라는 2진법적 구조로 문제가 간결화되면서 소중한 인명들을 구조할 수 있었던 겁니다.

수단매체를 통해 한계를 확장한다

인간의 능력이 무한하다는 말은 인간을 격려하기 위한 구호에 불과합니다. 인간의 능력엔 한계가 있죠. 그래서 인간은 자기 능력의 한계를 확장할 수 있는 도구가 필요한데 바로 수단매체입니다. 어부들은 맨손으로, 즉 직접적인 방법으로 고기를 잡기가 어렵기 때문에 낚싯대나 어망을 사용하여 간접적인 방법으로 고기를 잡습니다. 이때 낚싯대와 어망은 수단매체입니다. 수단매체 중에는 눈에 보이고 손으로 만져지는 물질적인 것만 있는 것이 아닙니다. 지식이나 지혜와 같은 지적 수단매체, 주변 사회로부터 신뢰와 존경을 받는 일 같은 사회적 수단매체도 있습니다.

물질적 수단매체는 기술의 진보에 따라 점점 발전합니다. 간디가 돌렸던 물레는 이후 방적기로 변모하면서 생산성을 급상승시켰죠. 지적 수단매체의 예로서 알렉산더 대왕의 페르시아 원정 중 모습을 살펴보죠. 목이 타는 더위 속에서 참모가 물을 구해옵니다. 물을 들이키려 할 때 목마름에 시달리는 부하들의 모습이 보입니다. 모두 말은 안 하지만 물을 간절히 원하고 있었죠. 알렉산더 대왕은 물을 버립니다. 그리고 "혼자 마시지 않겠다. 진군하여 다 같이 마시자!"라고 말하며 부하들을 격려합니다. 자기희생적 지혜가 강력한 정신적 수단매체로 작용한 것이죠.

1970년 12월 7일 빌리 브란트Willy Brandt 서독 수상의 폴란드 방문은 사회적 수단매체의 좋은 예입니다. 그는 유대인 추모비 앞에서 무릎을 꿇어 세상을 깜짝 놀라게 했습니다. 국가 원수가 다른 나라에서 무릎을 꿇는다? 이건 상상도 못하는 일이거든요. 서독 내에서도 찬반양론이 거듭되었습니다. 결론적으로 무릎 꿇음Kniefall은 브란트 외교정책의 상징이 되었습니다. 나치 정권 때 상실한 신뢰를 회복한 것은 물론이고 국제적 긴장을 완화시킨 공로로 다음해에 노벨 평화상까지 수상했습니다.

목적함수가 없으면 수단매체도 쓸모없다

그런데 아무리 수단매체가 훌륭해도 그것을 활용하여 어떤 가치를 창조할 수 있는 목적함수가 없다면 무용지물이 됩니다. 목적함수는 외부로부터 쉽게 주어지는 것도 아니어서 스스로 정립해야 합니다. 의미 있는 목적함수는 부단한 자기 수양과 미래 성찰을 통해 축적된 교양과 가치관의 결정인 것이죠.

목적함수는 명확해야 합니다. 어떤 것을 얻기 위해 다른 어떤 것을 포기해야 하죠. 튤립의 전설을 아시나요? 꽃은 왕관을, 잎은 칼을, 뿌리는 황금을 닮았습니다. 아름다운 소녀에게 왕자, 기사, 부자가 청혼을 했습니다. 그 소녀는 누구를 선택할지 고민에 빠졌습니다. 너무 오랫동안 고민하고 있으니 청혼자들은 모두 '나는 아닌가 보구나.' 하고 떠나버렸다는 겁니다. 안타까운 이야기죠. 어쨌든 소녀가 있었던 자리에 꽃이 생겨났는데 그게 튤립이라고 합니다. 왕관이면 왕관, 칼이면 칼, 황금이면 황금, 하나만을 명확하게 선택했어야 하는데 그렇지 못했던 겁니다.

어디 튤립뿐이겠습니까? 우리가 살아가는 방식 또한 마찬가지여서 어떻게 살아갈지 선택해야 하죠. '나'와 '너' 그리고 '살고'와 '죽고'라는 단어를 결합하면 다음 페이지의 4개 영역이 만들어집니다.

'너 죽고 나 살고'는 자연에서 흔히 나타납니다. 암사자 무리가 물소 사냥에 성공한다면 암사자는 살고 물소는 죽습니다. 물론 물소도 그냥 죽지는 않죠. 어떻게든 암사자를 공격합니다. 물소가 살기 위해 암사자를 죽이려 하는 겁니다. '너 죽고 나 죽고'는 드물지만 존재합니다. 9·11테러가 대표적이죠. '너 살고 나 죽고'는 더욱 드문데요. 굳이 예를 들자면 소크라테스가 악법일지라도 법을 지키기 위해 독배를 든 일입니다. 소크라테스에게 법을 지키는 일은 '너를 살리는 길'이었답니다. 좀 어렵나요? 오히려 강재구 소령의 이야기가 확 와닿습니다. 그는 훈련 도중 어느 신병이 잘못하여 떨어뜨린 수류탄을 자기 몸으로 덮어서 자신은 산화하고 주위 병사들을 구했죠. 이처럼 '너 살고 나 죽고'의 본질은 자기희생에 있습니다. 가장 좋은 것은 '너 살고 나 살고'겠죠. 마치 벌과 꽃이 공생하는 것처럼 말이죠.

생존경쟁, 어떻게 할 것인가

너 죽고 나 살고

	살고	죽고
너		
나		

너 죽고 나 죽고

	살고	죽고
너		
나		

너 살고 나 죽고

	살고	죽고
너		
나		

너 살고 나 살고

	살고	죽고
너		
나		

목적함수에 따라 경영 방식도 달라진다

앞서 칠레 광산 광부 구조 이야기에서 목적함수가 구조시간인가 구조비용인가에 따라 수단매체가 달라지는 것처럼 기업도 목적함수가 무엇인가에 따라 경영방식이 달라집니다. 기업의 목적함수가 돈 벌기라면 어떨까요? 이익 최대화를 위해 노력하겠죠. 가격이 원가보다 높도록 여러 전략을 구사할 겁니다. 이래서는 곤란합니다. 목적함수는 공동체의 삶의 질 향상이어야 합니다. 그래서 가격은 원가보다 높은 동시에 고객이 느끼는 혜택인 가치보다는 낮아야 됩니다. 가격을 P(Price), 원가를 C(Cost), 가치를 V(Value)라고 하고 앞의 문장을 수식으로 표현하면 V 〉 P 〉 C가 됩니다. 이게 그 유명한 '기업 생존부등식'입니다. 식의 왼쪽이 고객 혜택이고 오른쪽이 공급자인 기업의 혜택인데요. 그 사이에서 균형을 취해야 함을 의미합니다.

위대한 기업은 특히 고객 혜택이 큰 기업입니다. 2010년도 초반

이익 최대화 vs 생존 부등식

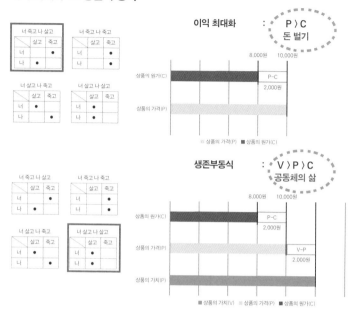

N사 라면의 가격은 하나에 700원이었습니다. 당시 동대문 시장에서 상인들에게 라면 가격을 1,000원으로 올려도 사겠는지 물었습니다. 그랬더니 '간단히 한 끼를 해결할 수 있다.' '반찬이나 설거지 걱정을 최소화할 수 있다.' '얼큰하고 시원한 국물 맛이 당긴다.' 등의 이유로 기꺼이 구매하겠다고 했답니다. 가격은 700원이지만 고객은 1,000원 이상의 가치를 느끼고 있었던 거죠. 300원이라는 고객 혜택 때문에 다른 나라 제품이 함부로 우리 시장을 넘볼 수 없었습니다.

기업의 목적함수가 공동체의 삶의 질 향상, 즉 생존부등식으로 정의되었다면 수단매체로는 감수성, 상상력, 탐색시행이 장착되어야 합니다.

감수성

감수성은 고객의 필요, 아픔, 정서를 인식하는 능력입니다. 친구가 좋아하는 선물을 파악하는 센스도 감수성입니다. 세종대왕이 글을 모르는 백성의 필요와 아픔을 감지하여 한글을 창제한 것도 감수성입니다. 감수성을 기르려면 오만에서 벗어나야 합니다. 오만한 자는 타인의 필요와 아픔에 둔감하니까요. 아울러 직접 현장을 발로 누벼야 합니다. 고급 승용차, 고층 건물 안에만 머물면서 조직원이 올린 보고서에만 의존해서는 결코 고객의 니즈를 이해할수 없습니다.

상상력

특히 실용적 상상력이 중요합니다. 현대가 서산 간척지를 어떻게 개발했는지 아시나요? 방조제를 양쪽에서 쌓아오던 중에 간격이 270미터에 이르자 더 이상 공사 진도를 나가지 못하게 됩니다. 초속 8미터가 넘는 물살 때문에 자동차만 한 바위도 넣는 순간 바로 쓸려 내려갔죠. 다들 속수무책일 때 정주영 회장은 고철로 팔려고 사놓은 332미터 길이의 폐유조선을 가져오라고 지시합니다. 이 배를 간척지로 끌어온 뒤 바닷물을 담아 가라앉힙니다. 아무리 강한 물살도 이 육중한 배를 밀어내지 못했습니다. 그 사이에 무난히 둑을 연결하여 제방을 완성한 거죠.

탐색시행

탐색시행은 '성공할 때까지 실패를 반복하라'의 다른 말입니다. 지금은 혈액형에 맞춰 수혈을 해야 한다는 것이 상식이지만 과거에는 그렇지 않았습니다. 1667년 프랑스 의사인 장 밥티스트 드니는 '출혈한 만큼 피를 공급해주면 되지 않을까?' '양의 혈액도 무관하지 않을까?'라는 생각으로 양의 피를 인간에게 수혈했습니다. 물론 100% 실패였죠. 1818년 영국 의사인 제임스 블런델James Blundell은 '인간에겐 동물이 아니라 인간의 피를 수혈해야 하지 않을까?'라는 발상으로 인간의 피를 수혈했습니다. 어떨 때는 성공했고 어떨 때는 실패했죠. 1900년 오스트리아 의사인 카를 란트슈타이너Karl Landsteiner는 '혈액에는 서로 잘 맞는 유형이 있지 않을까?'라는 가정에 착안하여 수혈 가능한 혈액형 조합을 발견합니다. 여러 시대 여러 나라에서 여러 의사의 탐색시행을 거쳐 지금은 안전하게 수혈할 수 있게 된 거죠.

우회축적이야말로 삶의 정도이다

감수성을 길러라, 상상력을 키워라…… 말은 쉽지만 하루아침에 되는 것은 아니죠. 수단매체가 불완전하거나 불충분하면 우선 그것을 우회적으로 축적해야 합니다. '우회축적'이란 단기적으로는 희생이 따르지만 장기적으로는 현명한 길을 뜻합니다. 히딩크가 이끄는 한국축구팀은 처음 1년 동안 기초체력 훈련에 집중하면서 번번이 큰 점수 차로 패했죠. 그러나 일단 기초체력이 목표치에 도

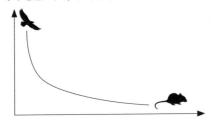

매의 생존 지혜, 우회축적

달하자 이후 기술과 전술 훈련이 큰 빛을 발해 월드컵 세계 4강까지 오릅니다.

자연계에서는 이러한 현상이 비일비재합니다. 매는 먹이를 발견하면 직진하는 대신 수직에 가까운 방향으로 낙하합니다. 지구의 중력가속도를 받아 효율적으로 속도를 높여 낙하한 후 먹이를 향해 수평 방향으로 날아가면서 낚아채는 거죠. 직진비행 시엔 최대 속도가 시간당 168킬로미터이지만 수직낙하 후 수평비행 시에는 최대 속도가 시간당 320킬로미터까지 나온다고 합니다. 순식간에 먹잇감을 사로잡는 거죠. 수학적으로도 목표점에 직진하는 것보다 전반기에 운동에너지를 축적하고 후반기에 발산하는 사이클로이드 곡선일 때 최단시간이 걸린다고 합니다.

물론 더 나은 내일을 위해 무조건 오늘을 희생할 수는 없습니다. 그만큼 어디를 향해 가야 할지, 즉 목적함수의 선정도 중요한 거죠. 내일을 위해 오늘을 희생할지, 오늘을 위해 내일을 희생할지는 여러분의 선택입니다. 그렇지만 80여 년을 살아온 노학자가 건네는 마지막 충고는 귀담아들으면 좋겠습니다.

"인간은 시간 속을 살아가는 존재이다. 어제 뿌린 씨앗으로 오늘을 살고 오늘 심은 나무에서 내일의 열매를 거둔다. 생각하는 인간은 내일의 열매를 설계하여 오늘의 나무를 선택해야 한다. 나는 내일 거둘 열매를 목적함수, 오늘 심을 나무를 수단매체라 여긴다."

Q&A

독특한 인생과 철학이 합쳐져 있다

정구현 한마디로 대단한 책입니다. 우선 이 책의 세 가지 특징을 말하고 싶습니다.

첫째는 저자가 문학, 물리학, 전자공학, 경영학의 학문 세계를 넘나들었듯이 이 책은 문학, 철학, 과학, 공학, 경영학 등 자연과학과 사회과학 이론이 총동원되어 있습니다. 우선 문학 작품에서는 대문호 톨스토이와 헤밍웨이, 시인 퍼시 셸리와 앨프리드 테니슨, 철학자 데카르트와 칸트와 비트켄슈타인이 언급되는가 하면 영화 「바람과 함께 사라지다」와 뮤지컬 「오즈의 마법사」 이야기도 나옵니다. 물리학과 천문학과 공학의 예가 많이 나오고 수학이 널리 활용되고 있습니다. 노자의 철학, 한국의 세종대왕, 중국의 관중 이야기 등 동양의 고사도 언급됩니다. 사례도 한국의 경제발전을 포함하여 여러 기업에 대한 실제 사례가 자주 언급됩니다. 그야말로 동서고금을 섭렵하는 책입니다.

둘째는 저자의 일생이 책의 흐름과 같이 갑니다. 저자가 왜 7세 때부터 공부에 전념하게 되었는지(17쪽), 가난한 시절 누님의 혼수장만을 위해서 돼지를 키운 일화도 살짝 소개됩니다. 책에서는 저자의 이름이 조서현이라고 나오는데 저녁노을이 비추는 언덕이라는 뜻을 가진 저자의 호라고 합니다(18쪽). 조서현이 왜 독문과를 갔고 왜 물리학과로 전과했는지, 그리고 그렇게 동경하던 서독이 아니고 왜 미국으로 유학길을 떠났는지도 언급됩니다. 진리 탐구와 국가와 사회의 문제 해결이라는 두 바퀴(목적함수)를 추구한 윤석철 교수의 일생이 녹아 있습니다.

셋째는 이 책이 매우 독특한 경영학 저서라는 점입니다. 과연 이 책을 경영학의 어느 이론적 흐름의 일부로 봐야 할 것인가가 문제입니다. 『제이캠퍼스의 경영 고전 읽기』는 드러커와 같은 경영일반, 포터류의 전략, 학습조직과 같은 조직이론이 주류를 이루고 있습니다. 그런데 이 책은 전략이나 조직 분야의 책으로 보기에는 그 범위가 훨씬 넓습니다. 그렇다고 드러커와 같은 경영 또는 경영자의 원리와도 거리가 있지요. 이런 독특성은 이 책에서 인용한 책 중에서 경영학 책은 거의 없고 참고문헌도 없다는 데 있습니다. 그런 결과 이 책은 독립적인 책이 되는데요. 저자의 독특한 인생과 철학이 합쳐져서 이 저서가 나온 것은 좋은데 다른 연구자나 연구의 흐름과 단절된 것이 다소 아쉽다고 생각합니다. 그런 이유로 "이런 연구를 앞으로 누가 이어갈 수 있을까요?"라는 질문을 하게 됩니다.

3부
효율적 조직관리

: 여러 사람이 모여서 효과적으로
일하려면 어떻게 해야 하는가?

4권

매니지먼트

피터 드러커(Peter Ferdinand Drucker, 1909~2005)

1. 저자

피터 드러커

『제이캠퍼스 경영 고전 읽기 시즌 1』의 피터 드러커 소개 글의 일부를 인용합니다. '1954년 그의 대표작인 『경영의 실제The Practice of Management』가 탄생합니다. 그는 책 출간 후 '경영학의 아버지'라는 칭송을 받기 시작합니다. 그 책의 확장판이 20년 후인 1974년에 『매니지먼트: 경영의 과업, 책임, 실제Management: Tasks, Responsibilities, Practices』라는 제목으로 출간되었는데요. 1954년에 나온 책이 경영을 처음 접하는 사람들에게 흥미를 일으키는 것이라면 1974년에 나온 책은 총체적인 참고서 노릇을 하고 있다고 보면 됩니다.'

그가 왜 1973년에 이 책을 썼을까요? 그는 1909년생입니다. 이미 5년 전, 즉 1969년에 60세를 넘은 거죠. 서양에 환갑이란 개념

이야 없겠습니다만 60세면 적은 나이는 아닙니다. 은퇴를 생각할 나이죠. 그 당시까지 스스로가 제시해온 각종 경영 사상을 정리하고픈 생각이 들었을 겁니다. 그래서 이 책에도 '기존의 내 책을 많이 인용했다. 특히 1954년에 나온 『경영의 실제』는 더욱 그러하다.'라고 밝힙니다. 그 이후에 30년을 더 살지는 본인도 몰랐을 겁니다.

책의 두께가 대단합니다. 원서는 800페이지, 번역서는 상하권 합쳐 1,400페이지입니다. 일본에서 드러커 관련 책을 가장 많이 발간한 우에다 아츠오上田 惇生 교수가 2001년 요약판을 발간했습니다. 우리나라에선 이 요약판이 2007년에 번역되었는데요. 일본어 요약판을 번역한 사실을 명확히 밝히지 않았습니다. 이 책이 아니라 1,400페이지 책이 오리지널 번역서입니다.

2. 핵심

전 세계가 벤치마킹하던 기업도 망했다

1954년 『경영의 실제』에 등장했던 시어스는 여기서도 등장합니다. 칭송의 목소리는 더 커집니다. 당시 매출액 100억 달러가 넘는 세계 최대의 소매회사였는데요. 여기에 비견할 만한 회사는 영국의 막스앤스펜서 정도라고 합니다. 그래 봐야 10분의 1 규모에 불과하지만 말이죠. 유통업의 특성상 첨단 기술이나 과학적 혁신이 들어갈 틈이 마땅치 않습니다. 그래도 가장 높은 성장 속도를 보여주었습니다. 유통업의 또 다른 특성은 고객 보호 운동의 시대에 공격 대상이 되기에 충분하다는 점입니다. 하지만 고객으로부터 공격은커녕 비난도 없었죠.

시어스의 성공 스토리는 줄리어스 로젠월드Julius Rosenwald라는 탁월한 CEO가 시어스를 경영하던 19세기 말로 거슬러 올라갑니다(시즌 1 참조). 로젠월드의 눈에는 농부 층이 하나의 거대시장으로 형성되는 것이 보였습니다. 비록 구매력은 낮았지만 엄청난 인구수를 고려하면 상당한 시장이 될 것으로 확신했죠. 이들에게 접근할 수 있는 새로운 유통채널이 필요했고요. 그래서 우편 주문 카탈로그를 만들어 뿌립니다. 당시 『성경』과 더불어 농장에 있는 유일한 책이란 소리까지 들었습니다. 아울러 최초로 환불정책을 시행합니다. 그전까지는 거래의 리스크가 구매자에게 있었습니다. 한 번 팔면 끝이었죠. 그러니 구매를 조심스레 할 수밖에 없었습니다. 시어스는 구매한 뒤 마음에 들지 않으면 얼마든지 반품할 수 있도록 거래구조를 바꿉니다. 긴가민가하던 농부들이 구매하기 시작했죠. 반품이 자연스럽게 이뤄지자 비싼 물건도 거침없이 사게 됐고 그만큼 시어스의 매출액도 늘어갔습니다.

1920년대 중반 로젠월드의 뒤를 이어 지휘봉을 잡은 로버트 우드Robert Wood도 시장의 변화를 감지합니다. 자동차의 등장으로 농부들이 도시에 나가서 쇼핑할 수 있게 된 겁니다. 그들은 도시 중산층과 비슷한 라이프스타일을 원했죠. 점포 설립의 필요성이 대두됩니다. 점포를 지으면 점포 책임자, 즉 점장이 필요하죠. 그래서 1930년부터 매니저 양성을 시작합니다. 1970년대 초반까지 시어스의 명성은 대단했습니다.

일본의 무인양품이란 브랜드를 아시나요? 이 회사의 출발점이 1968년이었습니다. 일본에서 세이부유통그룹을 물려받은 쓰쓰

시어스의 카메라

미 세이지堤 清二는 벤치마킹을 위해 미국을 방문하는데요. 당시 미국 최대 유통회사였던 시어스에서 '시어스'라는 브랜드가 붙어 있는 카메라를 발견합니다. 또 회사 내 자체브랜드 상품PB 연구실에서 "카메라의 셔터 속도가 2,000분의 1이네. 이를 500분의 1로 줄인다면 가격을 더 낮출 수 있지 않을까? 비록 성능 차이는 있겠지만 일반인들은 잘 모르는 수준이니, 굳이 2,000분의 1까지 올릴 필요는 없을 거야."라는 연구원의 토론 장면도 보게 되죠. 유통이 제조를 한다? 당시에는 말도 안 되는 개념이었지만 쓰쓰미는 강력한 인상을 받았죠. 그 결과 1980년에 무인양품이 탄생합니다. 우리나라에선 2015년에 이마트에서 선보인 노브랜드가 있죠.

　일본뿐만이 아니었죠. 전 세계가 벤치마킹하던 시어스였습니다. 하지만 2018년 역사의 뒤안길로 사라집니다. 도대체 무슨 일이 있었던 걸까요? 전『포춘』편집장인 조 노세라Joe Nocera는 이렇게 분석합니다. 첫째, 판매 방식의 변화에 적응하지 못했습니다. 카탈로

시어스 파산

변화에 적응하지 못한 시어스는 2018년 파산보호를 신청했다.

그 판매가 인기를 잃기 시작했는데 타이밍을 놓쳤다는 것입니다. 둘째, 임원 간 사내 정치가 심했다고 합니다. 셋째, 유통업계에서 경쟁자가 나올 수 없다고 생각했습니다. 이미 1962년에 월마트가 탄생했는데 말이죠.

어디 시어스만의 이야기일까요? 모든 기업이 항상 주변의 변화에 주목하고 긴장해야 하는 이유입니다.

기업의 지속 가능성 안에서 사회적 책임이다

드러커는 기업의 개념을 저술할 때부터 '기업의 사회적 책임'을 강조했습니다. 오늘날 ESG의 원류라고 볼 수도 있겠습니다. 하지만 '주제 파악 못하는' CSR에 대해서는 강하게 질책합니다.

미국 웨스트버지니아주는 다른 지역보다 풍요롭지 못합니다. 이

지역의 핵심산업이 석탄인데 1920년대 말 위축되기 시작하면서 경제가 더욱 어려워졌죠.

미국 뉴욕에 본사를 두고 있는 유니온카바이드는 주요 공장이 웨스트버지니아의 석탄지대에 위치해 있었습니다. 회사가 지역사회를 위해 무엇을 할지 고민하다가 실업난이 가장 극심한 지역인 비엔나라는 작은 마을을 주목합니다. 주민 대부분이 실업 상태였고 새로운 산업시설이 들어설 전망도 없었죠. 그도 그럴 것이 지역적으로 경쟁력이 없었거든요. 산업시설이 들어서려면 양질의 석탄이 필요한데 황 함유량이 높았습니다. 값비싼 처리 과정과 불순물 제거 과정을 거치면 가격경쟁력을 잃을 것이고 시설 특성상 소음과 먼지는 물론이고 다량의 비산과 독성가스 방출이 불가피했습니다.

그럼에도 비엔나에 공장을 지으면 마을 주민에게 1,500개의 일자리를 제공할 수 있었습니다. 덤으로 근처 석탄지대 마을에도 500~1,000개의 일자리를 제공할 수 있었죠. 또한 새로운 석탄지대는 노천탄광으로 만드는 것이 가능하기 때문에 근처 오래되고 낙후된 석탄광산에서 발생하는 사고 위험이나 질병 발생 위험을 상당히 줄일 수 있을 것으로 여겼습니다. 유니온카바이드 최고경영진은 경제성이 떨어짐에도 불구하고 사회적 책임상 비엔나에 새로운 공장을 지어야 한다고 결론지었습니다. 1951년 공장이 문을 열었습니다. 유니온카바이드는 영웅이 되었죠. 정치가, 공직자, 교육자 등 모든 사람이 유니온카바이드가 사회적 책임을 완수했다고 열광했습니다.

하지만 10년 뒤 과거의 영웅은 이제 공공의 적이 되어버렸습니다. 전 국민이 환경오염 문제에 촉각을 세우기 시작했습니다. 비엔나 주민들도 강을 통해 마을 곳곳으로 퍼지는 비산 먼지와 매연에 대해 비판의 목소리를 높였죠. 1961년 새로 선출된 시장은 '오염과의 전쟁'을 선포했습니다.

드러커는 이렇게 말했습니다. "낙후된 생산 프로세스를 이용하겠다고 결정한 순간, 그리고 경제난이 심각한 지역의 실업 문제 해소를 위해 경제성이 떨어지는 공장을 짓겠다고 결정한 순간 나머지 크고 작은 문제들이 자동적으로 발생하는 것은 시간문제였다. 이런 결정은 공장 재건에 필요한 수익을 창출하지 못한다는 것을 의미했다. 공장을 재건할 수 없었던 원인은 단연코 경제적 이유 때문이었다. 당시 오염 문제를 완전히 해결할 수 있는 기술이 존재하는지 의심스러운 상황에서도 여론은 유니온카바이드가 이 문제를 해결하기 위해 대규모 자본을 투자해야 한다고 촉구했다. 또한 유니온카바이드가 공장 조업을 계속해야 한다고 강요했다. 그러나 웨스트버지니아주의 비엔나에 위치한 유니온카바이드 공장이 조업을 계속한다 해도 주민 대부분은 다시 한번 일자리를 잃게 될 가능성이 컸다.

유니온카바이드의 행동은 사회적 책임을 다한 것이 아니라 감상주의에 휘둘린 행동에 불과했다. 의도는 좋았고 존경할 만했다. 하지만 회사가 감당할 수 있는 사회적 책임을 뛰어넘는 위험을 감수했기 때문에 이런 결과를 가져왔다. 너무 위험한 행동은 그 동기가 아무리 숭고한 것일지라도 무책임한 행동이다. 물론 대중은 기업의 '위험을 무릅쓴 행동'을 찬양하고 지지할지도 모른다. 하지만 경영자가 봉급을 받는 이유가 무엇인가? 대중의 지지를 받기 위해서인가? 기본적으로는 성과를 창출하고 기업을 지속가능하게 만들기 위한 대가로 봉급을 받는다. CEO 존재 이유의 우선순위를 놓치면 안 된다."

경영자는 만들어지지만 인테그리티는 타고난다

"전통적으로 우리는 마술 지팡이를 가지고 병든 조직을 구제할 기적의 경영자를 찾아왔다."

드러커가 한 말입니다. 실제 기업은 헤드헌터를 찾아가 경영의 귀재를 구해달라고 요청하기도 합니다. 그러나 생각해보시죠. 만약 천재만 경영을 할 수 있는 것이라면 오늘날 경영은 불가능할 겁니다.

필요한 것은 경영의 귀재가 아니라 경영이론과 기술을 습득하고 정상적인 판단력을 지닌 성실한 경영자입니다. 최고경영자를 비롯하여 모든 경영자는 태어나는 것이 아니라 만들어지는 것입니다. 그것이 경영학이라는 학문이 존재하는 이유이기도 합니다. 실제 그는 이렇게 말했습니다. "경영자가 되려면 천재여야 하는가? 특별한 재능이 있어야 하는가? 대답은 모두 '노no'다. 경영자는 체계적으로 배울 수 있다."

그런데 다음 문장을 놓쳐서는 안 됩니다. "하지만 배울 수 없는

TSMC의 핵심가치인 성신정직

하나의 자질이 있다. 처음부터 갖고 있어야 할 조건이다. 그것이 인테그리티integrity다." 다른 건 다 배울 수 있는데 인테그리티는 타고나야 한다는 겁니다. 이 단어는 진정성, 정직성, 성실함, 진실성, 고결성, 온전성 등 다양한 의미를 지니고 있습니다. 한 단어로 번역하기 힘듭니다.

그러다가 아시아에서 시장가치가 가장 높은 기업인 TSMC의 핵심가치 첫 번째가 인테그리티임을 알았습니다. 한자로 어떻게 쓰는지 궁금했습니다. 성신정직誠信正直이었습니다. 매사에 성실하고 (즉 최선을 다하고) 사람들에게 신뢰를 얻고 아울러 정직하라는 용어로 쓰이고 있었습니다.

TSMC의 인테그리티 설명을 구글 번역기로 번역해 보았습니다.

"청렴(인테그리티)은 우리의 가장 기본적이고 중요한 핵심가치다. 우리는 진실을 말한다. 우리는 업적의 기록이 우리의 장점을 보여주는 가장 좋은 증거라고 믿는다. 따라서 우리는 자랑하지 않는다. 우리는 약속을 가볍게 하지 않는다. 우리는 일단 약속을 하면 그 약속을 지키는 데 완전히 전념한다. 우리는 법 안에서 최선을 다하지만 경쟁자들을 비방하지는 않으며 다른 사람들의 지적 재산권을 존중한다. 우리는 공급업체와 함께 객관적이고 일관성 있고 공정한 태도를 유지한다. 우리는 어떤 형태의 부패한 행동이나 정치 행위를 용납하지 않는다. 신입사원을 선정할 때 연줄이나 접근이 아니라 후보자의 자격과 성격을 강조한다." 구체적으로 어떤 행동을 해야 하는지 힌트를 얻을 수 있습니다.

일본에서 '경영의 신'이라 불리는 마쓰시타 고노스케松下幸之助도 비슷합니다. 그가 가장 좋아하는 단어는 스나오素直입니다. 이 단어의 의미 또한 인테그리티와 비슷합니다. 그는 일본 정치를 위해 정치 인재 양성기관인 마쓰시타정경숙을 세워 살아생전 그곳에서 강의를 하곤 했습니다. 미래 일본을 이끌 지도자를 육성하기 위해 어떤 단어를 썼을까요? 히데요시는 일본을 통일한 천재니 우리도 그렇게 해보자. 국가를 경영할 때 백년대계를 생각해야 하지 않겠는가 등의 말을 하며 국가백년지계와 히데요시도 썼습니다. 그러나 그보다 스나오의 사용량이 압도적으로 많습니다. 그만큼 중요하다는 이야기겠죠.

미쓰시타 고노스케의 핵심가치 스나오

	松下幸之助が松下政経塾の塾生に発した言葉ランキング	
1	素直	114回
2	国家百年の計	61回
3	秀吉	55回
4	武蔵	51回
5	自修自得	43回
6	松陰	36回
7	釈迦	33回

松下政経塾 政経研究所調べ

리더는 타인에게 지시함으로써 업무를 완수한다

기업의 목적은 평범한 사람이 비범한 일을 하도록 만드는 것입니다. 천재들에게만 의지할 수 있는 조직은 없습니다. 게다가 천재는 항상 공급이 부족합니다. 결국 기업은 평범한 구성원들이 운영할 수밖에 없습니다. 평범한 구성원들이 보유한 능력을 최대한 끌어내 각자 충분히 발휘하도록 하며 다른 구성원들의 성과를 돕도록 하는 것이 바로 조직입니다. 동시에 구성원 개인의 약점을 보완하는 것도 조직의 과업이죠.

드러커가 CEO의 임무를 정의할 때 '다른 사람에게 각자의 일을 하도록 지시함으로써 자신의 업무를 완수하는 사람'이라고 말한 적이 있습니다. 좀 더 구체적으로 말해볼까요? 상장사 두 곳의 CEO를 거쳐 경영 컨설턴트로 10년 넘게 일해온 박찬구 코치는 이렇게 말합니다. "리더의 역할은 크게 다섯 가지입니다. 시작하기, 직접 하기, 도와주기, 결정하기, 끝내기가 그것이죠. 영업을 따오는 등 직접 하는 것, 부하를 육성하는 등 도와주는 것, 그리고 너무나 당연하지만 결정하는 것이 리더의 역할이라 생각합니다. 주기적으로 하는 일이야 신경쓸 필요가 없습니다만 새로운 일은 리더의 지시가 있어야 시작됩니다. 일을 끝내는 것도 리더의 역할입니다. "좀 두고 봅시다." "더 생각해봅시다."는 리더가 할 말이 아닙니다. "여기까지 합시다." "더 조사해보고 사흘 후에 모여 결론을 냅시다."라고 말해야 합니다."

3. Q&A

경영학을 전체론적으로 접근하고 있다

정구현 이 책은 1973년에 등장했습니다. 마침 제가 경영학 박사과정을 시작한 시기이기도 합니다. 벌써 50년 가까운 시간이 흘렀습니다. 그 사이에 드러커는 '경영학의 아버지'가 되었고 이 책은 '경영학의 바이블'이라는 칭송까지 받게 되었습니다.

사실 경영학에서는 피터 드러커를 공부하지 않습니다. 그 이유가 무엇인지 생각해보았습니다. 드러커는 컨설턴트 출신입니다. GM부터 시작해서 IBM과 시어스 등 당대의 내로라하는 기업들을 실제로 관찰하면서 공부했죠. 그의 접근방법은 직관적입니다. 그만큼 탁월하다는 이야기죠. 통찰력, 지혜 등등은 드러커가 최고입니다. 반면 대학은 실증을 해야 합니다. 학문 쪽에서는 실증, 연구, 자료가 있어야 하죠.

경영학은 어느 틈엔가 직능 분야별로 연구하고 있습니다. 마케팅, 인사조직, 회계, 재무처럼 전문 분야가 있습니다. 반면 드러커는 전체론적으로 접근하고 있습니다. 이런 차이가 경영학에서 드러커를 공부하기 힘든 이유인 듯합니다. 어쨌든 귀한 말씀이 많이 들어 있습니다. 하나하나 곱씹어볼 만합니다.

리더들을 위한 최고의 경영 바이블이다

정구현 질문을 하기보다는 축약판을 읽으면서 느낀 몇 가지를 리뷰해보겠습니다.

1. 기업의 목적은 이윤극대화인가?

아닙니다. 고객을 창조하는 것입니다. 이윤이 없으면 기업이 생존할 수 없지만 그렇다고 이윤이 기업의 목적은 아니죠. 고객을 강조한다는 점에서 마케팅적 접근을 하고 있다고 볼 수 있습니다.

2. 기업이 할 일 두 가지는 무엇인가?

마케팅과 이노베이션이라고 합니다. '기업의 목적은 고객을 창출하는 것이다'와 연결됩니다. 마케팅이 현재 고객을 창출하는 것이라면 이노베이션은 미래 고객을 창출하는 것이죠.

3. 매니저는 무엇을 하는 사람인가?

매니저는 사람의 일에 책임을 지는 자가 아닙니다. 조직의 성과에 책임을 지는 자입니다. 여기서 조직은 기업, 비영리, 공공기관, 교회, 병원, 학교 등 다양하다는 점을 간과해서는 안 됩니다.

4. X이론과 Y이론은 어느 쪽이 옳은가?

X이론은 틀리다고 합니다. 당근과 채찍에 의한 경영은 이제 가능

하지 않다는 거죠. 1970년에 이런 멋진 말이 나왔다는 것은 대단합니다. 그럼 Y이론일까요? Y이론도 아니라고 합니다. 심리를 가지고 사람을 지배하고 조작한다는 점에서 Y이론의 전제 또한 X이론이라는 겁니다. 드러커는 업무상 인간관계는 '존경'에 기초를 두어야 한다고 말합니다. 사람을 도구로 생각해서는 안 된다는 의미죠. 가슴에 깊이 새길 말입니다.

5. 적정한 시장점유율이 존재하는가?

모든 기업은 독점을 추구합니다. 그렇다면 100%가 적정하겠죠. 최소한 70%는 되어야 할까요? 드러커는 재미있는 표현을 합니다. 100의 80%보다 250의 40%가 더 좋다고요. 80%면 거의 독점입니다. 경쟁이 없죠. 발전하기 힘듭니다. 반면 40%라면 20%, 30%를 점유한 기업들도 있어서 경쟁이 심하겠죠. 살아남기 위해서 노력할 겁니다. 그래서 시장이 커진다는 이론이죠. 독점의 폐해를 말하고 있는 겁니다.

5권

좋은 기업을 넘어
위대한 기업으로

짐 콜린스(Jim Collins, 1958~)

1. 저자

짐 콜린스

짐 콜린스는 1994년 『성공하는 기업의 8가지 습관Built to Last』의 성공으로 순식간에 유명인사가 됐습니다. 그런데 어느 저녁 식사 자리에서 친구인 빌 미한Bill Meehan으로부터 "책 성공을 축하해. 하지만 그 책은 별로 쓸모가 없어."라는 소리를 듣습니다. 당황한 그가 이유를 물었더니 "너의 책에 등장하는 회사는 예나 지금이나 항상 위대한 기업이었잖아. 지금 많은 사람이 절실하게 알고 싶어하는 것은 '그저 그런' 회사가 어떤 과정을 거쳐 '탁월한' 회사가 될 수 있는지에 대한 이야기일 거야."라는 답을 듣습니다.

운명의 그날 이후 짐 콜린스는 다시 사례 발굴에 몰두합니다. 그리고 6년이 지난 2001년에 두 번째 책을 출간합니다. 책 제목이

『좋은 기업을 넘어 위대한 기업으로Good to Great』가 된 것도 적당히 좋은good 기업을 넘어 위대한great 기업이 되는 내용을 담았기 때문입니다. 공을 많이 들였습니다. 2,000쪽의 인터뷰와 6,000건의 논문 조사, 3.8억 바이트의 정밀한 데이터를 5년간 1만 5,000시간을 들여 분석했다고 내세우죠. 그 결과 전환점을 기준으로 15년간 주식 누적수익률이 전체 주식시장과 같거나 그보다 못한 실적을 보이다가 이후 15년간 시장의 최소 3배에 달하는 누적수익률을 보인 기업들을 위대한 기업으로 선정해서 분석했다고 합니다. 그냥 생각나는 대로 뽑은 회사가 아니라는 거죠.

두 번째 책도 선풍적인 인기를 끌었습니다. 그런데 시간이 흐르자 그가 위대한 기업이나 장수기업이라고 칭했던 기업이 하나둘씩 망가지기 시작합니다. 독자들은 묻습니다. "도대체 어떻게 된 건가요?" 다시 연구에 연구를 거듭한 그는 2009년에 『위대한 기업은 다 어디로 갔을까』를 내놓습니다. 세 번째 책은 상대적으로 앞의 두 작품에 비해서는 메시지가 약합니다.

어쨌든 한국에서는 이 3권을 합쳐 '짐 콜린스 3부작'이라고 부릅니다.

2. 핵심

플라이휠을 통해 위대한 기업으로 도약한다

그의 책들은 하나의 그림으로 요약할 수 있습니다. 『좋은 기업을 넘어 위대한 기업』도 마찬가지입니다. 플라이휠Flywheel 개념으로 보통 기업이 위대한 기업으로 도약하는 과정을 설명합니다. 어떻게 해야 보통 기업이 위대한 기업으로 도약할 수 있는지 그 과정을 살펴보겠습니다.

1. 5단계 리더십

먼저 리더십입니다. 위대한 기업으로 도약한 기업들은 도약할 시기의 리더가 모두 5단계 리더십에 해당했습니다. 보통 조직행동론에서는 리더십을 4단계로 구분합니다. 1단계는 능력이 뛰어난 개

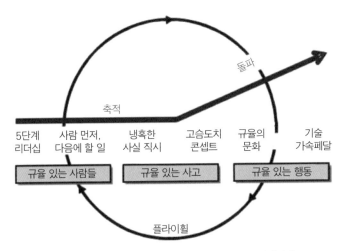

집 콜린스는 플라이휠 개념으로 위대한 기업으로 도약하는 과정을 설명한다.

인, 2단계는 팀에 기여하는 팀원, 3단계는 역량 있는 관리자, 4단계는 유능한 리더입니다. 그런데 짐 콜린스의 분석에 따르면 위대한 기업으로 전환시킨 리더는 모두 겸손하면서도 의지가 굳고 변변찮아 보이면서도 두려움이 없는 이중성을 갖고 있더라는 겁니다. 이러한 5단계 리더십은 본인 개인의 명성을 나타내는 것을 극도로 자제하죠. 쇼에 출연하는 말show horse보다 묵묵히 쟁기를 끄는 말plow horse이라고 보시면 됩니다.

2. 사람 먼저이고 다음에 할 일이다

그다음엔 함께 일할 사람을 고릅니다. 무슨 일을 할지가 아니라 누구랑 일할지가 먼저라는 겁니다. 해병대의 조직력은 우리나라뿐만 아니라 전 세계적으로 유명합니다. 이는 해병대가 육군이나 해

짐 콜린스의 4단계와 5단계 리더십

4단계	5단계
확신과 자부 업적과 성과 우선 자신의 성공에 대한 야망 입증된 전통방식을 따르는 거창한 비전과 포부에 찬 쇼에 출연하는 말·외부 영입 "나 없으면 아무것도 안 되지."	겸손과 신중 사람 우선 조직이나 기업을 위한 야망 옳은 결심을 따르는 실질적이고 현실을 직시하는 묵묵히 쟁기를 끄는 말·내부 성장 "운이 좋았기 때문이다."

군에 비해 훌륭한 시스템을 갖춰서 그런 것은 아니죠. "한 번 해병은 영원한 해병"이란 말처럼 해병대의 가치관에 무조건 동의하는 사람만이 모여 있기 때문에 결과적으로 대단한 조직이 된 것이죠.

함께 일할 사람들은 모두 정직하고 유능할 겁니다. 그런데 성과를 못 내면 어떻게 해야 할까요? 최소한 한 번, 아니면 그 이상이라도 다른 일을 맡겨보라고 합니다. 해고는 가능한 피하라는 거죠. 한편 버스에 적합한 사람을 태웠을 때의 장점 중 하나는 동기부여가 필요 없다는 점입니다. 이미 스스로 충분히 동기부여가 되어 있는 사람들만이 버스에 타 있기 때문이죠.

3. 냉혹한 사실을 직시하지만 믿음은 잃지 말라

그리고 냉혹한 현실을 직시합니다. 그러나 잘되리라는 믿음과 희망은 잃지 않아야 하죠. 고통스러운 변화를 피할 수 없다면 담

스톡데일 패러독스

미국 해군 장교 제임스 스톡데일은 베트남 파병 때 포로가 되었다. 그는 즉시 포로가 된 현실을 직시하고 받아들이면서도 미래를 낙관했다. "나는 끝에 대한 믿음을 잃은 적이 없었어요. 나는 거기서 풀려날 거라는 희망을 추호도 의심한 적이 없었습니다." 하지만 그의 동료들은 근거 없는 낙관에 지치고 상심하여 결국 죽고 말았다.

담하게 받아들여야 합니다. 이를 흔히 '스톡데일 패러독스Stockdale Paradox'라고 합니다.

1960년대 말 피앤지P&G가 종이를 소재로 한 소비재 산업에 진입했을 때 기존 업계에는 스콧페이퍼와 킴벌리클라크가 있었습니다. 당시 1등이었던 스콧페이퍼에는 '이제 잘해야 2등이구나.' 하는 분위기가 팽배했다고 합니다. 킴벌리클라크는 한판 승부를 붙어볼 만한 상대가 들어왔다며 전열을 가다듬었습니다. 결국 킴벌리클라크가 위대한 기업으로 도약했지요.

4. 고슴도치 콘셉트

자, 이제 하고 있는 사업을 정비해야 합니다. '여우와 고슴도치 우화'가 등장합니다. 다방면에 못하는 게 없는 여우가 고슴도치를 공격합니다. 그러면 고슴도치는 그저 몸을 둥그렇게 맙니다. 고슴

고슴도치 콘셉트

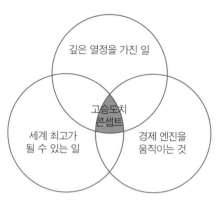

도치가 할 줄 아는 건 그거 하나밖에 없는데 늘 여우가 지죠. 기업도 마찬가지라는 겁니다. 이것저것 다하려 하지 말고 고슴도치처럼 단순하게 전략을 가져가야 한다는 거죠. 좀 더 구체적으로 설명하면 세계 최고가 될 수 있는 분야, 경제 엔진을 움직이는 분야, 깊은 열정을 가질 수 있는 분야라는 3개의 원을 그릴 때 모두 겹쳐지는 부분을 단순 명쾌한 개념으로 설명할 수 있어야 합니다. 세 원이 모두 겹쳐지는 부분에 모든 역량을 집중하고 세 분야를 벗어나는 일에서는 오히려 발을 빼야 합니다.

5. 규율의 문화

'규율의 문화'는 일정 체계 내에서 자율적으로 움직이는 문화를 말합니다. 넷플릭스가 좋은 예입니다. 이 회사는 규칙이 없는 것이 규칙이죠. 휴가규정도 경비규정도 승인절차도 모두 없다고 합니다. 유일한 판단 기준은 '회사에 가장 이득이 되게 행동하라.'라는군요.

6. 기술 가속 페달

'기술 가속 페달'은 기술이란 항목이 엔진이 아니라 가속 페달에 불과하다는 의미입니다. 짐 콜린스는 "기술은 분명 중요하다. 하지만 기술의 선구적인 응용은 위대한 기업들이 고슴도치 콘셉트 안에서 규율 있게 행동하는 또 하나의 방법일 뿐이지 그 자체로서는 도약이나 몰락의 일차적이고 근본적인 원인은 아니었다."라고 말합니다.

좋은 회사에서 위대한 회사로의 전환은 결코 일거에 진행된 적이 없습니다. 단 한 차례의 결정적인 행동, 원대한 프로그램, 한 가지 끝내주는 혁신, 혼자만의 행운, 기적의 순간 같은 것은 없었다는 거죠. 오히려 플라이휠을 한 바퀴 한 바퀴 돌릴 때마다 눈부신 성과를 지속적으로 쌓아나가는 축적 과정을 통해 달성됩니다.

콜린스는 이렇게 말합니다. "혁명이나 극적인 변화 프로그램, 가혹한 구조조정에 착수하는 기업들은 거의 확실하게 좋은 회사에서 위대한 회사로 도약하는 데 실패한다. 궁극적인 결과가 아무리 극적이라 하더라도 좋은 회사에서 위대한 회사로의 전환은 한순간에 진행되는 법이 없다. 단 한 차례의 결정적인 행동, 원대한 프로그램, 대단한 혁신, 혼자만의 행운, 기적의 순간 같은 것은 전혀 없었다. 오히려 그 과정은 모든 생물의 진화과정이 그렇듯 돌파점에 이를 때까지, 그리고 그 뒤에도 거대하고 무거운 플라이휠을 한 방향으로 한 바퀴 한 바퀴 돌리며 굽힘 없이 밀고 나가면서 추진력을

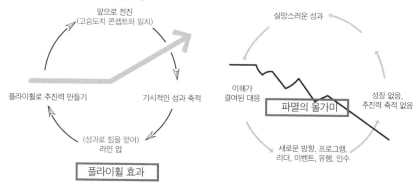

플라이휠과 파멸의 올가미

앞으로 전진
(고슴도치 콘셉트와 일치)

플라이휠로 추진력 만들기

가시적인 성과 축적

(성과로 힘을 얻어)
라인 업

플라이휠 효과

실망스러운 성과

이해가
결여된 대응

파멸의 올가미

성장 없음,
추진력 축적 없음

새로운 방향, 프로그램,
리더, 이벤트, 유행, 인수

축적해가는 것과 같았다. 언론에서 마치 일순간에 기업의 변화가 일어난 것처럼 보도하는 것은 그 이전의 끊임없는 노력들을 보지 않았기 때문이다."

플라이휠이 거꾸로 돌지 않도록 주의해야 합니다. 그러면 파멸의 올가미Doom Loop에 빠집니다. 콜린스는 2001년 7월에 아마존의 제프 베이조스에게 플라이휠에 관한 이야기를 해줍니다. 그리고 베이조스는 유명한 아마존의 플라이휠 이론을 세상에 선보이죠. 냅킨에 그렸다는 전설 같은 그 그림의 출발점이 콜린스의 이론이었다는 점에서 유명 경영학자의 보석 같은 이야기를 곱씹어야 하는 이유를 알게 됩니다.

아마존의 플라이휠 이론

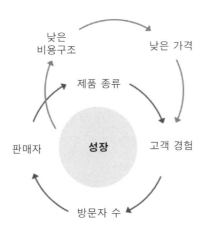

위대한 기업은 5단계를 거쳐 몰락한다

2008년에 글로벌 금융위기가 닥치면서 앞서 훌륭한 기업이라 소개했던 패니메이 등이 무너지는 광경을 목격합니다. 그래서 콜린스는 『위대한 기업은 다 어디로 갔을까』를 집필합니다. 도대체 왜 그런지 궁금했고 연구를 통해 비극적 운명을 피할 수 있는 방법을 제시하고 싶었던 겁니다. 기업은 어떤 과정을 거치면서 쇠퇴할까요? 콜린스는 다음과 같은 몰락의 5단계를 제시합니다.

1단계: 성공으로부터 자만심이 생겨난다

모토로라는 잘나가던 1995년에 세련된 디자인의 초소형 스타택 출시를 앞두고 기고만장해 있었습니다. 디자인과 성능은 좋았지만

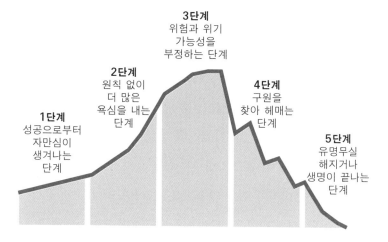

몰락의 5단계

1단계
성공으로부터
자만심이
생겨나는
단계

2단계
원칙 없이
더 많은
욕심을 내는
단계

3단계
위험과 위기
가능성을
부정하는 단계

4단계
구원을
찾아 헤매는
단계

5단계
유명무실
해지거나
생명이 끝나는
단계

아날로그 기술에 기반한 제품이라는 게 문제였습니다. 무선통신시장은 이미 디지털 기술로 이동 중이었거든요. 기자 한 명이 디지털 시대의 도래에 대해 우려를 표명하자 한 고위 경영자가 "4,300만 명의 아날로그 고객이 있는데 대체 뭐가 문제란 말입니까?"라고 대답했다지요. 행운의 여신인 포르투나라고 들어보셨나요? 그녀는 또한 공평의 여신이라고 합니다. 행운이 있으면 대체로 돈, 권력, 명예 등을 남보다 더 갖게 되는데요. 그녀는 항상 오만이란 감정도 함께 선물한다는군요. 성공한 자는 바로 이 오만 때문에 무너지는 거죠.

2단계: 원칙 없이 더 많은 욕심을 내기 시작한다

확장을 꿈꾸는 단계입니다. 이건 좀 의외죠? 보통 혁신 거부, 과

감한 행동 부재, 변화 외면 등 현실에 안주하다가 무너지는 경우가 많은데 실제 조사해보니 대부분이 과도한 욕심을 부려 스스로 화를 자초한 경우라는 거죠. 다른 관점엔 이런 것이 있습니다. 이 책은 한때 톱에 올랐던 회사, 즉 더 마이티the mighty가 무너지는 이유를 찾고 있습니다. 그럭저럭 보통이었던 회사였다가 망한 사례를 다룬 게 아닙니다. 그런 사례라면 현실 안주가 이유일 수 있겠죠. 하지만 한때 톱에 올랐던 회사는 분명 내재적으로 변화를 갈망하는 엄청난 에너지가 있지 않을까요? 그러다 리더 교체 등이 잘못되면서 에너지가 방향을 잘못 잡아 과도한 욕심으로 변질된다고 이해하면 되겠습니다.

3단계: 위험과 위기 가능성을 부정한다

시간이 흐르다 보면 무언가 위기의 조짐이 보입니다. 하인리히의 법칙이란 용어도 있지요. 1:29:300법칙이라고도 하는데요. 한 건의 대형사고가 발생하기 전에 그와 관련된 수십 차례의 경미한 사고와 수백 번의 징후가 반드시 나타난다는 거죠. 회사도 마찬가지입니다. 무너지기 전에 반드시 위험과 위기에 대한 시그널이 나타납니다. 이를 부정하면서 더욱 몰락의 길로 가는 거죠.

4단계: 구원을 찾아 헤맨다

입증되지 않은 기술에 크게 배팅하기, 구원을 약속하는 컨설턴트 고용하기, 자신들을 구제해줄 CEO 찾아 나서기 등등 말이죠.

중요한 점은 장기적인 추진력을 부활시키기 위해 점진적이고 힘든 과정을 시작해야 하는데 그것 대신에 신속하면서도 거창한 해결책 혹은 한시라도 빠른 회복을 노린다는 점입니다.

5단계: 유명무실해지거나 생명이 끝난다

1980년대 말 피앤지와 킴벌리클라크에 한참 밀려난 스콧페이퍼는 이들을 따라잡으려고 투자를 했다가 큰 빚을 떠안습니다. 스콧페이퍼의 회사채 등급이 정크본드 바로 윗단계까지 떨어지자 CEO로 앨버트 던롭Albert Dunlop을 영입합니다. 구조조정의 달인이라고 불리는 그는 무려 1만 1,000명을 해고한 뒤 수익성을 개선해 킴벌리클라크에 매각합니다. 스콧페이퍼는 없어진 거죠.

이게 다일까요? 재생의 길은 없을까요? 있습니다. 판도라의 상자를 열면 제일 마지막에 희망이 나타나듯 몰락의 단계에 회복과 부활이 있습니다. 어둠에서 벗어나는 길은 포기할 줄 모르는 끈질김과 함께 시작됩니다. 실패는 물리적 상태보다 정신적 상태와 더 관련 깊은 단어입니다. 정신줄 놓지 않고『좋은 기업을 넘어 위대한 기업으로』에 나왔던 방식으로 한 걸음 한 걸음 나아가면 언젠가는 다시 정상에 올라가 있는 당신을 발견하게 될 겁니다.

저자는 몰락은 감지할 수 있고 피할 수 있으며 되돌릴 수 있다고 말합니다. 혹시 여러분의 기업에서도 몰락의 조짐이 보이고 있지 않은지 수시로 점검하길 바랍니다.

Q&A

전략의 문제인가, 조직의 문제인가

정구현 지난번 시즌 1에서 경영학의 기본 질문인 '장기간에 걸쳐서 고성과를 내는 기업의 특징은 무엇인가?'에 대해 생각해보았는데요. 이 책은 '보통 회사가 위대한 회사가 되는 비결은 무엇인가?'라는 좀 다른 질문을 던지고 있습니다. 이 책은 그 답이 '조직에 있다.'라고 하는 거죠? 포터나 해멀 등의 전략 저서에서는 시장에서의 경쟁우위나 핵심역량의 개념을 강조하는 데 반해 이 책은 그런게 아니고 '능력 있고 겸손한 리더와 단단한 조직'이면 된다는 것이죠. 과연 고성과 기업이 되는 비결은 조직에 있을까요? 아니면 전략에 있을까요?

신현암 답하기 쉽지 않습니다. 조직에 있다고 하면 전략이 답인 이유가 수백 개 나올 수 있고 전략에 있다고 하면 거꾸로 조직이 답인 이유가 역시 수백 개 나올 겁니다. 챈들러A. D. Chandler 교수가 "조직은 전략을 따른다structure follows strategy."라고 말한 것을 보더라도 전략과 조직은 따로 생각하기 힘들 듯합니다.

정구현 그렇겠죠. 조직이 전부라거나 전략이 전부라거나 하는 표현은 아닌 듯합니다. 대략 전략이 30~40%이고 조직이 60~70% 정도가 아닐까 합니다.

가설의 도출과 검증이 주관적이다

정구현 이 연구의 방법론에 대해 코멘트하고자 합니다. 이 연구는 어떤 계기(전환점)를 맞아 회사가 턴어라운드를 한 후 15년 간 성과가 뛰어난 기업을 그 전환점에서 비슷한 규모나 역량을 가진 기업과 비교한 것이지요. 수천 개의 상장 회사(1965~1995년의 30년 동안 포춘의 500대 기업에 등장한 기업) 중에서 11개 기업이 선정됩니다. 애보트, 서킷시티, 패니메이, 질레트, 킴벌리클라크, 누코, 크로거, 필립모리스, 피트니보우스, 월그린스, 웰스파고 등 금융회사 두 곳도 포함된 다양한 분야의 회사인데요. 사실 우리에게 낯선 기업도 여러 개 있습니다. 그리고 전환 시점은 1964년에 한 곳이 있고 대개가 1970년대와 1980년대입니다.

두 가지 문제가 있습니다. 첫째는 방법론이 너무 도식적이고 둘째는 결론의 도출 역시 상당히 자의적이라는 겁니다. 예를 들면 '보상과 기업의 성과는 큰 관계가 없다.'라는 가설을 과연 제대로 검증하고 있는가? 또 하나 고슴도치 콘셉트에서 3개의 원 이야기가 나오는데(세계 최고가 될 수 있는 일, 경제 엔진을 움직이는 일, 깊은 열정을 가진 일) 이것도 근거가 뭐냐 하면 연구원들이 토의를 한 끝에 나왔다는 거잖아요. 이 책에서 제시한 여러 가설에 대해서 더 과학적인 실증연구가 가능할 것 같은데 그런 점에서 방법론이 상당히 아쉽습니다. 연구 대상인 기업의 선정부터 가설의 도출과 검증이 모두 상당히 주관적이고 자의적이라고 생각합니다.

6권

이카루스 패러독스

대니 밀러(Danny Miller, 1947~)

1. 저자

대니 밀러

캐나다의 세계적인 경영대학원 HEC몬트리올의 경영학 교수인 대니 밀러는 우리나라에는 잘 알려져 있지 않습니다. 미국 본토에서 활동한다면 그렇지 않았을 텐데 말이죠. 아무래도 캐나다라는 지역적 한계가 있는 듯합니다. 하지만 그의 이력을 살펴보면 만만치 않습니다. 그는 맥길대학교에서 경영학 박사학위를 받았습니다. 그의 지도교수는 캐나다의 피터 드러커라 불리는 헨리 민츠버그 Henry Minzberg입니다. 1968년부터 맥길대학교에서 경영학을 가르치고 있는 민츠버그 교수 덕분에 오늘날 맥길대학교가 미국 유수의 대학 못지않은 권위를 누리게 되었죠. 대니 밀러가 그의 제자라는 점에서 더욱 믿음이 갑니다.

대니 밀러는 1990년에 내놓은 저서 『이카루스 패러독스Icarus Para-
dox』에서 조직의 관점에서 "성공요인이 지나치면 오히려 실패요인이
된다."라고 설파하는데요. 이 책은 클레이튼 M. 크리스텐슨 교수가
저술한 『혁신기업의 딜레마』의 조직 버전이라 보면 되겠습니다. 책의
제목인 '이카루스 패러독스'는 경영학계에서 하나의 용어로 정착되
었습니다.

2. 핵심

성공 원인이 오히려 실패 원인이 된다

그리스 신화에서 이카루스는 밀랍으로 만든 인조 날개로 하늘을 나는 데 성공합니다. 그런데 태양에 너무 가까이 간 나머지 밀랍이 녹아버리는 바람에 하늘을 날던 이카루스는 결국 에게해에 빠져 목숨을 잃고 맙니다.

그를 날 수 있도록 만들었던 원동력은 바로 밀랍 날개였습니다. 태양과 적당한 거리를 두었더라면 밀랍이 녹지 않았겠지만 사람 마음이 그렇지 않죠. 한 번 나는 게 가능해지니 더욱더 높이 날고 싶어진 겁니다. 성공 원인이 오히려 실패 원인이 된다? 그래서 대니 밀러는 이를 '이카루스 패러독스'라고 불렀죠. 가장 소중한 재산, 능력, 경쟁 원천, 핵심역량이 바로 파멸로 이르는 도구가 될 수

이카루스 패러독스

도 있다는 역설이 숨어 있습니다. 가장 극적인 성공을 거둔 기업일
수록 실패의 쓴맛을 보기 쉬운 법이죠.

실패 기업의 4가지 유형이 있다

저자는 실패 유형으로 네 가지를 꼽습니다. 먼저 2×2 매트릭스
를 만듭니다. X축에는 변화의 정도가 크고 작음을 표기하고 Y축에
는 영역의 정도가 좁고 넓음을 표기합니다. 총 4개 영역이 만들어
집니다. 하나하나 살펴볼까요?

실패의 네 가지 유형

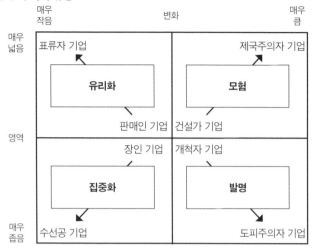

유형 1. 장인 기업

3사분면에 있는 장인 기업Craftsmen은 변화도 거의 없고 영역도 좁습니다. 그들은 한 가지 일을 믿을 수 없을 만큼 잘 해내는 것에 몰두하는 기업입니다. CEO는 시장에 내놓을 최상의 제품을 만들 것을 고집하여 품질에 자부심을 갖고 있죠.

그러나 품질에만 너무 집중하면 어떻게 될까요? 품질의 목적이 고객을 끌어들이고 만족시킨다는 것을 망각하고 제품에 과도하게 기술 투자를 하고 그에 따라 높은 가격을 매긴다면 경쟁력을 상실 하게 됩니다.

디지털 이큅먼트의 창업자 켄 올슨은 대형 컴퓨터의 대체품으로 미니컴퓨터를 개발하여 큰 성공을 거둡니다. 하지만 좀 더 싸고 쓰기 편한 것을 추구하는 고객의 욕구를 무시하는 우를 범하는데요. 이후 예상고객의 예산, 취향, 구입 형태를 맞추지 못해 완전히 실패의 길을 걷게 되죠.

유형 2. 건설가 기업

1사분면에 있는 건설가 기업Builders은 변화도 크고 영역도 넓습니다. 그들은 야심적인 목표, 지치지 않는 정열, 수익성 있는 시장 분야를 찾는 놀라운 능력을 갖고 있는 적극적인 경영자가 통치하는 기업입니다.

좋기만 할까요? 성장을 향한 무모한 돌진은 여러 번의 위험을 지나는 동안 부채 과중, 잘 알지도 못하는 업계로의 진출, 병든 기업체의 매수 등으로 과부하가 걸립니다. 생산, 마케팅, 연구개발 업무보다는 오직 기업의 확장과 다각화에만 몰두하는 제국주의자형 기업으로 전락하죠.

미국 제일의 전신·전화회사 ITT의 해럴드 제닌Harold Geneen 회장은 빠른 성장을 위해 호텔, 의류, 제과, 화재보험 등 비관련 다각화 추진으로 엄청난 채무 누적과 방만한 조직 확장에 의한 관리 불능으로 몰락하고 말았죠.

유형 3. 개척자 기업

4사분면에 있는 개척자 기업Pioneers은 변화는 크지만 영역은 좁습니다. 그들은 연구개발에 뛰어난 기업으로 주요 목표는 새로운 제품과 기술을 먼저 산출해내는 것입니다.

너무 지나치면 어떻게 될까요? 새로운 발명이 주는 환희 속에 묻혀 휩쓸려가다가 시장이나 경제적인 관점은 무시한 채 기술 관점에서의 최고만을 추구하는 현실 도피주의자적인 기업으로 전락하게 됩니다.

롤스로이스는 가장 진보된 첨단 항공엔진을 만드는 기업입니다. 흔히 자동차 회사로 알려져 있지만 실은 세계 제일의 엔진 제조사입니다. 세계 최초로 제트엔진을 설계했죠. 한때 심각한 어려움을 겪었는데요. 원가를 무시한 연구개발과 마케팅은 엄청난 비용을 수반하게 마련이죠. 그럼에도 신제품을 맹목적으로 추구함으로써 추락 궤도에 진입했고 1971년 파산을 선언합니다.

유형 4. 판매인 기업

2사분면에 있는 판매인 기업Salesmen은 변화는 작지만 영역은 넓습니다. 그들은 뛰어난 마케팅 전문 업체이며 집요한 광고 전략과 선전문구, 포장, 일관성 있는 유통 경로 등을 통해 업계에서 높은 평가를 받는 브랜드를 만들고 지켜나갑니다.

그러나 좋은 디자인과 경쟁력 있는 제조 기술 대신에 점차 포장, 광고, 공격적인 공급을 추구하려 하고 개성 없는 모방 제품을 아무리 많이 만들지라도 무엇이든 판매할 수 있다는 믿음을 갖게 됩니다.

42세에 크라이슬러 회장에 취임한 린 타운센드Lynn Townsend는 근무한 5년 동안 회사를 국내 시장점유율 2배, 글로벌 시장점유율

3배로 키웠습니다. '5년 +5만 마일 무상 보증' 정책을 시행했기 때문이죠. 그러나 제품 혁신 없이 그저 강압적 판매 정책, 즉 이미지 우선 정책으로 인해 핵심역량이 사라진 기업으로 몰락하고 말았습니다.

실패로 가는 네 가지 유형을 살펴보았는데요. 저자는 이렇게 말합니다. "첫째, 성공 그 자체가 실패를 이끄는 요인이 된다. 자기 과신과 부주의함과 기타 다른 나쁜 습성들이 어느 틈엔가 생겨난다. 둘째, 현재 진행되는 다수의 쇠퇴 요인들이 원래는 성공의 요인들이었다는 점이다. 즉 성공으로 이끄는 바로 그 원인들이 과도해지면 실패의 원인으로 돌아선다."

과유불급過猶不及이란 사자성어가 떠오릅니다. 지나치면 부족함만도 못하다는 의미가 가슴에 와닿습니다.

위대함은 최선을 다하려는 태도에서 시작된다

그럼 중용이 답인가? 그렇지 않습니다. 인간에게서 위대함은 최선을 다하려는living on the edge 태도에서 비롯됩니다. 조직도 마찬가지죠. 집중과 시너지가 위대함의 조건입니다. 중용을 지키겠다는 말은 어쩌면 중간만 가겠다, 적당한 선까지 가겠다는 것으로 들릴 수 있습니다. 그렇다면 중용의 전략은 경쟁력 우위 확보에 있어 최대의 적입니다.

시즌 1에서 마이클 포터 교수의 경쟁전략을 다룬 바 있습니다. 그의 주요 이론 중 하나가 어중간한stuck in the middle 상태에 있으면

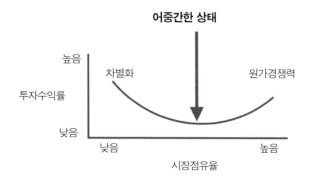

어중간한 상태

높음

차별화   원가경쟁력

투자수익률

낮음

         낮음   높음

시장점유율

결국 망할 수밖에 없다는 건데요. 일맥상통하는 바가 있습니다.

경영자는 좀 더 자기 반성적이 돼야 한다

저자는 근시안적 관점을 버려야 한다고 말합니다. 성공했던 수많은 사람들과 기업들은 그간 좁은 렌즈를 통해 세계를 보아왔습니다. 본인 나름의 성공방식이 있었으니 계속 지키고 싶었을 겁니다. 남의 말이 귀에 안 들어왔겠죠. 본인만의 독특한 관점이 생겼고 이를 지지하는 일련의 가정들이 조리 있게 설득력 있게 자리 잡혀 있겠죠. 그 결과 자기만족과 과신이 뒤따랐습니다.

성공한 사람들의 '맹목적 완벽성'은 '현명한 완벽성'으로 바뀌어야 합니다. 경영자들은 좀 더 자기 반성적이 되어야 합니다. 그간 자신이 만들어낸 자신만의 독특한 상像에서 벗어나 객관적으로 볼 수 있는 거울을 마련해야 합니다. 그러려면 자기 성찰을 소홀히 해서는 안 되겠죠. 자신의 맹점들을 찾아내기 위해 타인의 객관적인 시각을 추구하는 노력 또한 기울여야 합니다. 어떤 방법이 있을까

피터 드러커의 위대한 다섯 가지 질문

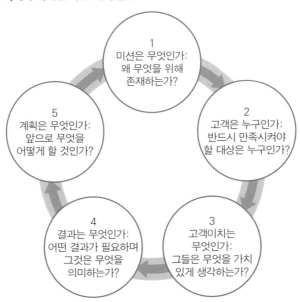

요? 먼저 간단한 질문을 해보는 겁니다. 피터 드러커의 위대한 다섯 가지 질문을 스스로에게 해보는 거죠.

좀 더 복잡하면서 의미 있는 방법은 자세한 자기 평가 질문서에 스스로 답해보는 겁니다. 사실 이 책의 유용성은 네 가지 실패 유형을 만든 것에 있는 것이 아니라 자기 평가 질문서를 만든 것에 있습니다.

자기 평가 질문서를 여기에 그대로 가져올 수는 없습니다만 대충 구조를 살펴보겠습니다. 총 100문항으로 유형별로 각각 29문항, 26문항, 22문항, 23문항으로 구성되어 있습니다. 각 문항에 대해 5점 척도 방법을 사용하여 평가합니다. 즉 1점은 우리의 경쟁업

<예>

유형 1: (1) 우리 기업의 경영 스타일은 대단히 권위주의적이다	(_점)	총 29문항
유형 2: (1) 우리 기업의 최고경영자는 모험가적 기업가다	(_점)	총 26문항
유형 3: (1) 주요 경쟁업체에 비해 우리 기업의 연구개발 비용이 훨씬 많다	(_점)	총 22문항
유형 4: (1) 우리 기업의 브랜드는 중요한 자산이다	(_점)	총 23문항

체에 비해 '전혀 그렇지 않다', 3점은 '비슷비슷하다', 5점은 '확실히 그렇다'를 의미합니다.

유형별 총점을 유형별 문항수로 나눕니다. 그럼 5점 척도 기준으로 몇 점인지가 나옵니다. 만약 유형 2, 즉 '우리 기업의 최고경영자는 모험가적 기업가다'와 유사한 문항의 점수가 가장 높다면 유형 2의 극단적 유형, 즉 '제국주의자 기업'으로 나아갈 위험성이 높다는 의미입니다.

항목별로 별표(*)가 있는 문항이 있습니다. 총 31문항인데요. 이들은 따로 뽑아서 평균점으로 내보라고 합니다. 저자는 유형별 평균 점수가 3점 이상이면 당신의 기업은 쇠퇴기에 접어든 것이라고 정의합니다. 점수가 크면 클수록 행동을 취해야 할 긴급성도 커지겠죠. 평균 점수가 4점 이상이면 매우 위험하다고 경고합니다.

<예>

유형 1: (1) 우리 기업의 경영 스타일은 대단히 권위주의적이다   (__점) 총 29문항

유형 2: (14) 기업이 무서운 속도로 다각화하고 있다   (__점) 총 11문항

유형 3: (16) 우리 기업의 주요 손실은 제품개발 프로젝트에서 비롯된다 (__점) 총 10문항

유형 4: (18) 경영자들은 현장과의 접촉을 자주 하지 않는다   (__점) 총 29문항

Q&A

이카루스 패러독스와 메두사 콤플렉스도 있다

신현암 이카루스 패러독스와 비슷한 콘셉트의 다른 용어를 찾아볼까요? 연세대학교 산업공학과 박희준 교수는 이렇게 말합니다. "그리스 신화에 등장하는 다이달로스는 지혜의 여신인 아테네로부터 기술을 전수받은 건축과 공예의 명인이죠. 장인의 아버지라고 불립니다. 하루는 크레타 왕 미노스의 부탁으로 왕을 괴롭히는 괴물을 가둬두기 위해 미궁을 만드는데요. 훗날 다이달로스는 왕의 노여움을 사서 자신이 만든 미궁에 갇히는 신세가 됩니다.

다이달로스는 아들 이카루스와 함께 깃털과 밀랍으로 날개를 제작해 미궁에서 탈출하는데요. 그 과정에서 아들 이카루스를 잃고 맙니다. 하늘을 날 수 있다는 자만감에 너무 높이 날아올라 태양열에 밀랍이 녹으면서 날개가 떨어져 추락한 것이죠. 신화의 이야기처럼 과거의 핵심역량이 현재의 몰락을 부르는 현상을 다이달로스 콤플렉스라고 일컫습니다. 과거의 핵심역량을 기반으로 만들어낸 성공에 함몰되어 환경의 변화를 읽어내지 못하고 과거의 핵심역량과 접근방법을 고집하다가 몰락하는 경우를 말하는데요. 이는 코닥, 제록스, 노키아 등 많은 기업의 사례에서 찾아볼 수 있습니다.

여기에 더해 과거의 성공에서 기인한 자만심이 몰락을 부채질합니다. 그리스 신화에는 머리카락이 뱀으로 변한 괴물인 메두사가 등장하는데요. 원래는 아름다운 여인이었던 메두사는 자신의 외모에 심취해 자만하다가 신에게 밉보여 괴물로 변하는 벌을 받죠. 이처럼 자만심에 도취되어 환경 변화를 외면하다가 나락의 길을 걷는 경우를 '메두사 콤플렉스'라고 합니다."

7가지 위험한 습관 때문에 망한다

신현암 세계적인 마케팅 학자인 미국 에모리대학교의 잭디시 세스Jagdish Sheth 교수는 2007년『배드 해빗: 성공한 기업의 7가지 자기파괴 습관』이라는 책에서 성공적인 기업조차도 피해갈 수 없는 일곱 가지 위험한 습관을 적절한 사례를 통해 제시했습니다.

1. 현실부정: 성공 신화와 관행 등 기존 신념에 갇혀 현실을 부정함
2. 오만: 최고의 시절을 잊지 못하고 과거의 성공에 현실을 왜곡함
3. 타성: 쉽게 흥한 자는 쉽게 망함. 즉 구태의연한 과거 관행에 얽매임
4. 핵심역량에 대한 과도한 의존: 핵심역량에 너무 의존하는 권위의식이 있음
5. 눈앞의 경쟁만 보는 근시안: 미래의 경쟁자를 예견하지 못하고 눈앞의 이익에만 집착함
6. 구성원들의 영역 의식: 내부의 권력 다툼으로 인한 자중지란이

일어남

7. 규모에 대한 집착: 원가 상승과 수익성 악화에 둔감함

이 중에서 6, 7번을 제외하고는 대니 밀러 교수의 이론과 비슷합니다.

4부
이기는 전략

: 시장경쟁에서 이기는 전략을
어떻게 만들 것인가?

7권

전략의 적은 전략이다

리처드 루멜트(Richard Rumelt, 1942~)

1. 저자

리처드 루멜트

리처드 루멜트는 세계가 존경하는 경영전략의 구루입니다. UC버클리에서 공학을 전공하고 미국항공우주국NASA에서 제트엔진 연구원으로 일했습니다. 하버드경영대학원에서 박사학위를 취득한 후 조교수로 몇 년 근무하다가 1976년 UCLA 앤더슨경영대학원으로 옮겼습니다. 『이코노미스트』가 선정한 세계에서 가장 영향력 있는 경영이론가이자 경영전략 연구자임에도 불구하고 한국에는 다른 경영 구루에 비해 덜 알려져 있습니다.

그가 본격적으로 눈길을 끌게 된 계기는 저서 『전략의 적은 전략이다』* 덕분이었는데요. 여기서 루멜트는 오랜 컨설팅 경험과 분석연구를 바탕으로 전략이라는 말이 난무하는 시대에 점차 경시되는 전략의 본질을 되짚었죠. 2013년 동아비즈니스포럼에 초청되어 하버드경영대학원의 신시아 몽고메리Cynthia Montgomery 교수 등과 함께 기조 강의를 했습니다. 당시 일흔을 넘긴 고령임에도 불구하고 암벽 등반 등 운동으로 다져진 단단한 체구에선 여전히 청중을 압도하는 열정이 뿜어져 나왔답니다.

---

* 2011년에 출간된 이 책은 현재 절판되었고 2019년에 『전략의 거장으로부터 배우는 좋은 전략 나쁜 전략』이라는 제목으로 새로 출간되었다.

2. 핵심

좋은 전략은 시장을 지배한다

전략에도 좋은 전략과 나쁜 전략이 있다고 합니다. 그렇다면 좋은 전략은 어떤 걸까요?

대표적인 예가 트라팔가 해전에서 열세였던 영국을 승리로 이끈 넬슨 제독의 전략을 들 수 있죠. 1805년 나폴레옹이 영국 침공을 준비한다는 소식을 들은 영국의 넬슨 제독은 스페인 남서부 해안으로 27척의 함정을 끌고 내려옵니다. 프랑스-스페인 연합해군의 함정은 33척이어서 수적으로는 더 우세했죠. 그런데 넬슨 제독은 함대를 두 줄로 세운 다음 정면으로 치고 들어갔습니다. 지금까지는 없었던 해전 방식이었죠.

당시 함대 전투의 정석은 먼저 양군이 함포 사격으로 상대에게

넬슨 제독의 상황 판단과 단순명쾌한 좋은 전략

기존의 정석	넬슨 제독의 전략

상대에게 대포를 쏜다 ⇨ 그 후 근접전

노림수 ⇨ 수에서 우위인 적을 분단시킨다
분석 ⇨ 적은 정확하게 포격할 능력이 없다
전략 ⇨ 측면으로 돌진해 적을 분단시킨다
(선두는 위험에 노출되지만 전체의 피해는
적을 것이다)

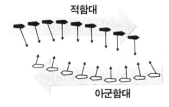

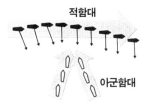

타격을 입힌 다음 근접전으로 싸우는 것이었습니다. 넬슨 제독은 상식을 뒤엎고 적의 측면으로 함대를 돌진시켰습니다. 왜 그랬을까요? 선두에 선 함정들은 위험에 노출될지라도 훈련이 덜 된 프랑스-스페인 연합해군의 함포 포수들이 높은 파도 때문에 정확한 포격을 하지 못할 것으로 예측했던 거죠.

넬슨이 직면한 문제는 수적 열세였습니다. 이에 대한 전략은 정면돌파를 통해 적의 함대의 전열을 무너뜨리는 것이었죠. 일단 난전이 벌어지면 경험 많은 영국해군의 함장들이 유리하게 전투를 이끌 수 있다고 판단했기 때문입니다.

프랑스-스페인 연합해군은 함정 22척을 잃은 반면 영국해군은 단 한 척도 잃지 않았습니다. 전투 중 치명상을 입은 넬슨은 국가 영웅이 되었고 트라팔가 해전에서 승리한 덕분에 영국은 프랑스의 침공을 막고 150년 동안 해상권을 장악할 수 있게 되었습니다.

좋은 전략은 대개 이처럼 단순명쾌합니다. 수십 장의 프레젠테이션 슬라이드로 설명할 필요가 없죠. 복잡한 도표나 전략경영 방법론에서 나오는 것도 아닙니다. 유능한 리더는 주어진 상황에서 노력에 따른 효과를 배가할 한두 개 핵심사안을 파악하고 거기에 초점을 맞춰 자원을 집중합니다.

좀 더 구체적으로 좋은 전략의 조건을 살펴볼까요? 첫째, 좋은 전략은 예상을 뛰어넘습니다. 문제는 단 한 번만 유효하다는 거죠. 넬슨 제독의 전략이나 이를 역으로 활용한 이순신 장군의 학익진 전법이나 마찬가지입니다. 적군은 한 번은 당하지만 더 이상은 당하지 않죠. 우리나라는 스피드스케이팅에서 날 밀어 넣기로 우승한 적이 있습니다. 이후 대부분이 이 전략을 구사하죠. 우리말로 배면뛰기라고 하는 포스베리 플롭Fosbury flop으로 세계 기록을 갱신한 딕 포스베리가 등이 바를 향하는 배면뛰기를 고안한 이후 다들 그렇게 뛰고 있죠. 최초로 구사할 땐 전략이지만 이후 누구든지 따라할 수 있다면 더 이상은 전략으로서 실효성이 없어집니다.

그래서 좋은 전략이 갖춰야 할 두 번째 조건이 '상대방의 강점을 약점으로, 나의 약점을 강점으로 바꾸는 것'입니다. 그러면서 상대방이 따라할 수 없도록 만들어야 하죠.

미국 유통업에 1962년은 아주 특이한 해입니다. 그해에 월마트, K마트, 타깃이라는 3대 할인점이 모두 탄생했거든요. 월마트는 신생기업이었던 반면에 K마트나 타깃은 1900년 전후부터 유통업에

1962년 탄생한 월마트, K마트, 타깃

참여해 있다가 신규사업으로 할인점을 론칭한 겁니다. 당연히 K마트는 골리앗이었고 월마트는 다윗이었죠. 같은 방법으로 경쟁한다면 월마트는 백전백패했을 겁니다. 그런데 어떻게 월마트가 K마트를 꺾었을까요? 당시 업계의 상식은 '최소 인구 10만 명의 도시여야 할인점을 출점할 수 있다'는 것이었죠. 워낙 마진이 박하기 때문에 제품회전율이 중요했고 그러려면 인구가 많아야 했죠. 하지만 이 시장은 이미 K마트가 점령하고 있었습니다. 월마트는 울며겨자 먹기로 인구가 그보다 적은 시골에 출점할 수밖에 없었죠.

하지만 월마트는 여기서 '네트워크형 비즈니스'를 발견합니다. 인구 5만 명의 도시여도 서로 붙어 있는 도시 20군데를 묶어 각각 매장을 출점한 뒤 이를 하나의 네트워크로 엮는다면 인구 100만

명의 도시에 한 개의 매장이 들어선 것과 같은 효율을 올릴 수 있었습니다. K마트도 월마트의 이러한 전략을 알아챘지만 이미 각 매장의 점장이 주도하는 분권화 방식으로 운영되고 있었기에 고스란히 시장을 내주면서 몰락의 길을 걷게 됩니다.

나쁜 전략에는 4가지 특징이 있다

이제 나쁜 전략을 살펴보겠습니다. 크게 네 가지를 들고 있습니다.

1. 미사여구로 가득 찬 전략

이 경우 대부분 알맹이가 없죠. 한 대형 은행이 핵심전략으로 '고객 중심의 연결 서비스를 제공하는 것'을 내세웠다고 해보죠. 하지만 이는 그저 은행의 업무 그 자체일 뿐 전략이라 볼 수 없습니다. '고객 행복을 위해 빠르고 효율적인 서비스를 제공한다.' 이 또한 카피나 슬로건에 불과할 뿐이죠.

2. 중대한 문제를 간과한 전략

값비싼 컨설팅 회사를 고용해서 두꺼운 통합전략을 작성하는 일이 흔했던 시절이 있었습니다. 보고서에는 이듬해부터 급성장을 이룬다는 계획이 담겨 있죠. 그런데 이 보고서는 어떻게 작성되었죠? 사내 각 사업부로 하여금 특정 서식에 맞춰 향후 비전과 전략 목표를 작성하게 한 후 컨설팅 회사가 취합해 도식화한 거죠. 일견 완벽해 보이지만 정작 실적 부진의 원인이 무엇이며 어떻게 해결할지는 보이지 않습니다. 실적 부진의 진짜 원인이 사람 수가 너무 많은 비효율적인 조직운영이라고 가정해보죠. 하지만 어느 사업부도 자기네 사업부가 인력이 많다고 쓰지 않습니다. 오히려 조직이 더욱 비대해져야만 하는 이유를 나열하죠. 이를 취합해 막연한 청사진을 그린 셈입니다. 당연히 성공할 수 없죠.

3. 목표와 전략을 혼동한 전략

대기업 CEO로부터 이런 의뢰를 받았다고 해보죠. "우리 회사의 전략목표는 매출 두 자릿수 성장입니다. 그런데 직원들에게서 이를 반드시 관철하겠다는 의지가 보이지 않습니다. 전략목표를 실현하기 위한 방안을 강구해 주시기 바랍니다." 이 CEO가 말한 전략목표는 전략이 아니죠. 그냥 희망사항입니다. 그저 막연한 목표를 세워놓고 구체적 전략은 직원들에게 떠넘기고 있는 겁니다.

4. 잘못된 전략적 목표가 가득 찬 전략

전술, 액션 플랜, 할 일 목록이 넘쳐나는 전략이 이런 예죠. 미국 자그마한 시의 시장이 저자에게 시위원회가 만든 전략을 보여줬답니다. 47개에 달하는 전략과 178개의 액션 플랜이 망라되어 있었다네요. 심지어 122번 액션 플랜은 '전략 계획을 작성한다.'였죠. 저자는 실소를 금할 수 없었다는군요.

잘못된 전략적 목표가 가득 찬 전략

미사여구	실질적 내용이 없는 전략일수록 쓸데없이 어렵고 추상적인 용어들을 늘어놓아서 고차원적 사고의 결과물인 듯한 착각을 심는다.
문제 회피	나쁜 전략은 문제를 명확하게 정의하지 않는다. 문제를 정의하지 않으면 전략을 평가하거나 개선할 수 없다.
목표와 전략의 혼동	나쁜 전략은 장애물을 극복하기 위한 구체적인 계획 없이 희망사항만 제시한다.
잘못된 전략적 목표	나쁜 전략은 중요한 사안을 간과하거나 비현실적인 목표를 추구한다.

엔트로피에 민감해져야 한다

저자는 탁월한 컨설턴트답게 좋은 전략을 만드는 역량으로 다양한 방법을 제시합니다. 그런데 유독 저의 마음을 끄는 문구가 있습니다. '엔트로피에 민감해져라.'입니다. 켜켜이 쌓여 있는 먼지를 털어내라는 의미죠. 깔끔하게 하라는 뜻입니다. 이게 전략과 무슨 상관이 있을까요?

알프레드 슬론이 GM의 CEO로 취임하기 전 GM의 제품별 가격대 전략은 다음과 같았습니다. 캐딜락은 고급시장에 잘 포지셔닝되어 있었지만 다른 브랜드는 엉망진창이었죠. 가격대 면에서 서로 제 살 깎아 먹기 경쟁을 하고 있었던 겁니다. 와중에 포드자동차의 간판 상품인 포드와 가격경쟁을 하는 자동차는 한 대도 없었죠. 그래서 슬론은 취임하자 이 도표를 손봤습니다.

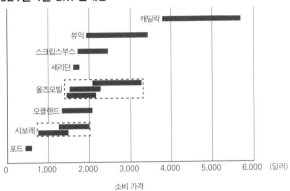

1921년 4월 GM 판매량

1921년 슬론의 정책

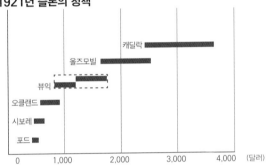

깔끔하지 않습니까? 제 살 깎아 먹기가 거의 없습니다. 포드의 고급 사양 버전은 시보레가 대응합니다. 이후 GM은 어떻게 되었을까요? 2008년 토요타와 GM을 비교한 그림을 보면 안타깝게도 GM은 슬론이 등장하기 전처럼 혼란스러워졌습니다. 반면 토요타는 슬론의 성공적인 정책을 답습했죠. 토요타의 최상위 모델이 렉서스의 최하위 모델 바로 밑에 위치하고 있는 모습이 인상적입니다.

2008년 토요타와 GM 비교

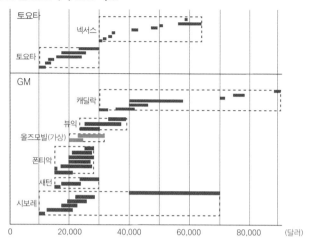

몸만 커지는 성장은 위험하다

모든 기업이 매출증대에 열을 올리고 있을 때 루멜트는 그러면 안 된다고 충고합니다. 성장에 대한 맹목적인 집착과 규모의 경제라는 빛 좋은 개살구를 조심해야 한다는 겁니다.

실제 스타벅스가 그런 일을 겪었죠. 하워드 슐츠가 2000년에 은퇴한 후 스타벅스는 매출성장에 강력한 드라이브를 겁니다. 커피숍인지 동물 캐릭터숍인지 분간이 안 갈 정도로 모든 물건을 매장에서 팔려고 했죠. 커피 맛이 맥도날드만도 못하다는 소리가 나오면서 2007년 주가는 곤두박질칩니다. 결국 2008년 하워드 슐츠가 복귀해서 간신히 회복합니다. 슐츠는 이렇게 회고합니다.

"성장을 전략으로 인식하게 되는 순간 이는 집착과 중독을 낳는

스타벅스 CEO 하워드 슐츠의 저서

다. 성장은 결코 전략이 아니고 전략이 돼서도 안 된다. 성장은 전술일 뿐이다. 수년간 내가 얻은 가장 주된 교훈 중 하나는 성장과 성공의 미명하에 많은 실수가 은폐될 수 있다는 사실이다. 물론 우리는 더 많은 실수와 시행착오를 겪게 될 것이다.

그러나 매우 중요한 교훈을 얻었다. 성장궤도로 다시 진입할 때 우리는 이제 과거와는 차별화된 방식으로 성장을 추진할 것이다. 즉 보다 신중하게 정당한 명분과 수익성이 있는 성장을 추구하는 데 초점을 둘 계획이다."

좋은 전략은 시장을 지배하지만 나쁜 전략은 비즈니스를 병들게 합니다. 위대한 전략은 혼돈에 질서를 부여하지만 위험한 전략은 조직을 와해하죠. 성공하는 전략은 아무나 따라 할 수 없지만 실패하는 전략은 누구나 흉내낼 수 있습니다. 진짜 전략은 문제를 명확하게 밝히지만 가짜 전략은 그저 "이기자!"라고만 외칩니다. 지금까지 여러분의 전략은 어떠했나요? 앞으로의 전략은 어떠해야 할까요?

Q&A

변화의 흐름이 아닌 내용을 읽어라

정구현 13장에 "변화의 흐름이 아니라 변화의 내용을 읽어라."라는 내용이 있습니다. 개인적으로 이 장이 많이 다가왔습니다. 이 장에서 1875~1925년의 50년이 인류역사상 가장 근원적인 변화가 있던 시기라고 주장하고 있습니다. 전기, 자동차, 전신, 전화, 라디오, 철도, 고속도로가 나와서 우리의 생활양식이 근본적으로 바뀌었다는 겁니다. 우리는 100년 후인 지금 시대가 더 큰 변화를 겪고 있는 시기라고 생각하는데 저자는 아니라고 주장합니다. 그래서 요즘 뷰카vUCA라고 해서 변화를 이해하기 힘들다고 하는데요. 이러한 변화 가운데서도 진정한 내용을 읽는 훈련을 해야 할 것 같아요. 이 책의 조언처럼 "답은 미래를 읽는 것이 아니라 지금 일어나는 여러 변화 가운데 거대한 변화의 단서가 숨어 있고 그걸 찾아야 한다."라는 거죠. 현재의 작은 변화 가운데 큰 패턴을 읽어내는 능력이 바로 핵심이라는 겁니다.

전략적 자산이 무엇인지 생각해야 한다

정구현 저자도 크게 보면 자원기반이론의 추종자입니다. 자원기

반이론이란 기업 특유의 경쟁우위를 가져야 한다는 건데요. 키워드가 경쟁우위와 핵심역량입니다. 이 책에서 강조하는 경쟁우위란 경쟁사에 비해서 비대칭적으로 유리한 위치를 점하는 것을 말하는데요. 이는 결국 강점을 더 확대하고 활용하라는 거죠. 한편 핵심역량은 이 경쟁우위를 가능하게 해주는 전략적 자산입니다. 특허일 수도 있고 디자인일 수도 있고 또는 브랜드일 수도 있겠죠. 예를 들면 디즈니라는 브랜드가 전략적 자산입니다. 모든 회사는 우리의 전략적 자산이 무엇인지 다시 한번 생각해야 할 것 같습니다.

결국은 일의 순위를 정하는 것이다

정구현 책 속의 재미있는 에피소드를 소개할까 합니다. 앤드루 카네기Andrew Carnegie와 프레더릭 테일러Frederick Taylor에 대한 이야기입니다. 카네기는 당시 철강업과 철도로 큰돈을 번 미국의 최고 재벌이었죠. 우리나라로 말하자면 정주영 회장 같은 존재입니다. 카네기는 신출내기 경영 컨설턴트인 테일러를 칵테일 파티에서 소개받습니다. 그는 테일러가 미심쩍어서 한번 떠봅니다. "젊은이, 자네가 내게 경영에 대해 들을 만한 이야기를 해주면 1만 달러를 주지." 당시 1만 달러는 큰돈이었죠. 테일러는 "당신이 지금 해야 할 가장 중요한 일 열 가지를 적어보세요. 그중에서 1번부터 시작하세요."라고 말했답니다. 일주일 후 테일러는 카네기가 보낸 1만 달러를 받았다고 해요.

어떻게 보면 전략도 복잡하게 생각할 게 아니라 회사가 꼭 해야 할 일의 우선순위를 정해서 하나씩 해나가는 것 아닐까요? 이게 바로 루틴입니다.

8권

꿀벌과 게릴라

게리 해멀(Gary Hamel, 1954~)

1. 저자

게리 해멀

게리 해멀은 시즌 1에서 소개한 『시대를 앞서는 미래 경쟁 전략』
(C. K. 프라할라드와 공저)으로 성공을 거둔 뒤 2000년 단독 저서인
『꿀벌과 게릴라Leading the Revolution』를 발간합니다. 우리나라에는
2001년에 출간되었는데 번역도 매끄럽고 내용도 흥미롭습니다.
다만 엔론을 좋게 묘사했던 것이 치명적이었죠. 엔론 사건은 사실
내부에서도 핵심 3인방(회장, CEO, CFO)만이 알고 있던 내용입니
다. 회사 내 서열 4위도 몰랐죠. 이를 외부의 경영컨설턴트가 알기
는 역부족이었죠.

　『시대를 앞서는 미래 경쟁 전략』에선 전략적 의도strategic intent를
기억해야 합니다. 위대한 성과를 내는 기업은 과거 자신들의 제한

적인 자원이나 능력을 뛰어넘는 원대한 야망, 즉 전략적 의도를 가진 기업이라는 겁니다. 성공에 대한 집착을 버리지 않고 전 조직이 공유한 기업은 실제로 그 성공을 쟁취해 냈습니다. 제록스를 이기겠다는 꿈을 15년 만에 실현한 캐논의 예를 들면서 '미래의 나를 만드는 것은 현재 내가 가진 것이 아니라 내가 갖고자 하는 것, 내가 집착하고 끊임없이 추구하는 것'이라는 메시지를 남겼죠.

『꿀벌과 게릴라』에서는 '혁명의 시대'가 도래했음을 선포했습니다. 착실하게 주어진 일만 열심히 수행하는 꿀벌과 같은 20세기의 사고방식에서 탈피해 '창의력과 상상력'으로 무장한 게릴라가 되라는 것이죠. 해멀 또한 스스로가 꿀벌에서 벗어나 게릴라가 되었기에 현재의 그가 있는 것이죠. 이런 이유로 버진그룹의 리처드 브랜슨 회장은 "게리 해멀은 혁명의 시대에 분투하는 전 세계 비즈니스맨의 상황을 정확히 포착한 경영학자다."라는 말을 한 바 있습니다.

미국 종합 일간지 『월스트리트저널』은 2008년 5월 '가장 영향력 있는 경영사상가 20인'을 선정했는데요. 내로라하는 경영학자와 경영인을 제치고 1위를 차지한 사람이 바로 게리 해멀입니다. 그는 1983년부터 런던비즈니스스쿨의 객원교수로 재직하면서 컨설팅업체 스트래티고스를 설립하는 등 왕성한 활동으로 유명한데 지금도 활발하게 활동하고 있습니다.

2. 핵심

혁명적인 변혁을 일으켜야 한다

이 책이 나온 2000년은 소위 신경제가 대두되던 시절입니다. IT 기술 혁신으로 생산성이 높아지던 때였죠. 구경제 시대에는 기업들이 지속적으로 개선하면서 점진적으로 변화해도 됐습니다. 그러나 신경제 시대에는 그러면 안 된다고 하죠. 불연속적이고 비선형적인 변화의 시대이기 때문에 기업들은 기회를 찾아내는 통찰력과 무한한 상상력으로 새로운 부를 창조해내야 살아남을 수 있다고 합니다. 한마디로 혁명적인 변혁을 일으켜야 한다는 것이 저자의 주장입니다. 그래서 『꿀벌과 게릴라』의 원서 제목이 '혁명을 이끌어라 Leading the Revolution'인 것이죠.

신경제 시대에 혁명을 이끈 대표적인 기업은 소위 말하는 닷컴

기업들입니다. 당시 이베이, 아마존, 야후 등이 혁신기업으로 대두되었죠. 그렇다고 해서 모두 다 인터넷 기업이 될 필요는 없습니다. 저자는 말하죠. 당시 인터넷 기업을 상징하는 이커머스e-commerce의 'e'가 중요한 것이 아니라 기존의 방식을 과감히 끊고 새로운 것을 추구하려는 혁신, 즉 이노베이션innovation을 의미하는 'i'가 중요하다고요. 성공과 실패를 나누는 기준은 인터넷이 아니라 혁신이라는 겁니다.

비즈니스 모델로 차별적 우위를 만들어라

요즘엔 비즈니스 모델이란 용어가 흔합니다만 이 책이 출간한 당시는 그렇지 않았죠. 저자는 이때부터 비즈니스 모델이란 용어를 씁니다. 비즈니스 모델은 크게 4요소인 핵심전략, 전략적 자원, 고객과의 접점, 가치 네트워크로 구성됩니다.

핵심전략을 세우기 위해서는 우리 회사의 비즈니스 사명, 즉 미션이 무엇인지 생각해봅니다. 그러면 우리의 제품, 시장 범위, 차별화는 무엇으로 할 것인가 등이 그려집니다. 이를 우리가 갖고 있는 전략적 자원인 핵심역량, 전략적 자산, 핵심 프로세스 등과 잘 배치합니다.

고객과의 접점에서 중요한 것은 핵심전략이 고객에게 어떤 혜택을 주느냐입니다. 어떻게 고객에게 접근할지(실행과 지원), 왜 그렇게 접근해야 하는지(정보와 통찰력), 고객과 기업과의 관계를 어떻게 설정할지(관계 동태성), 가격을 어떻게 책정할지를 결정합니다.

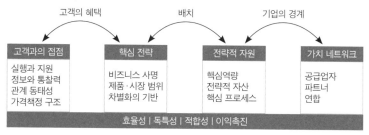

비즈니스 모델의 4요소

고객과의 접점	핵심 전략	전략적 자원	가치 네트워크
실행과 지원 정보와 통찰력 관계 동태성 가격책정 구조	비즈니스 사명 제품·시장 범위 차별화의 기반	핵심역량 전략적 자산 핵심 프로세스	공급업자 파트너 연합

고객의 혜택　　배치　　기업의 경계

효율성 | 독특성 | 적합성 | 이익촉진

　　기업 혼자서 모든 것을 다 할 수는 없습니다. 공급업자, 파트너와 함께해야 하고 필요에 따라선 항공사 동맹체처럼 연합도 하죠. 이를 가치 네트워크라고 합니다. 법적 실체인 우리 회사는 물론이고 업무 차원에서는 함께 일하는 기업도 우리 기업의 경계 내에 포함됩니다.

비즈니스 모델을 생각해보는 이유는 경쟁사에는 없는 차별적 우위를 파악하기 위함입니다. 그러기 위해 효율성, 독특성, 적합성, 이익촉진의 네 가지 관점에서 살펴봐야 합니다.

1. 효율성

　　원가경쟁력이 있어야 좋은 비즈니스 모델이겠죠. 하지만 반드시 가장 낮은 원가구조일 필요는 없습니다. 미드웨스트항공을 아시나요? 새우가 첨가된 필레미뇽, 버터 바른 빵, 만다린 샐러드, 그리고 초콜릿 바나나 케이크까지 미드웨스트의 고급 기내식은 유명하죠. 좌석의 폭도 넓습니다. 이런 유형의 기내 서비스는 넉넉히 제공하지만 다른 분야는 최대한 절약합니다. 대형기종이 아니라 중형기종 여객기를 띄운다거나 공항이용료가 저렴한 거점도시 위주로 운항하면서 말이죠. 적당한 서비스의 아메리칸항공이나 유나이티드 항공을 이용하는 요금으로 미드웨스트에선 최상급 서비스를 받을 수 있습니다.

2. 독특성

동종업계에서 서로 벤치마킹하면서 닮아가면 차별화 포인트는 가격밖에 남지 않죠. 그러면 서로 죽는 거죠. 가격 경쟁의 늪에 빠지지 않기 위해서라도 독특함을 지녀야 합니다. LA-샌프란시스코보다 짧은 거리의 세 도시(댈러스, 휴스턴, 샌안토니오)를 마치 하늘을 나는 버스처럼 운항하는 사우스웨스트항공은 좋은 사례죠.

3. 적합성

반면교사의 사례로 어떤 항공사가 등장하는데요. 샌프란시스코에서 런던으로 가는 1등석 탑승객에게 출발 직후의 식사에는 최상급 캐비어가 나오는데 도착 직전에는 플라스틱 용기에 담긴 인스턴트 음식이 나온다는군요. 이런 말도 안 되는 일이 발생하지 않도록 '일관성'이란 관점에서 모든 것을 살펴야 합니다.

4. 이익촉진

여기선 다양한 방법론이 거론됩니다. 선순환 구조를 만들어야 합니다. 김앤장은 국내 최고의 로펌이다 보니 변호사가 되고자 하

사우스웨스트항공

사우스웨스트항공은 독특함으로 차별화에 성공했다.

는 좋은 인재는 김앤장에 가려고 하죠. 최고가 최고를 부르는 선순환의 사이클에 들어간 거죠. 이러면 준독점 상태에 들어간 것이고 그만큼 초과이윤이 발생합니다. 경쟁자를 배제해야 합니다. 아마존이 엄청난 적자를 보면서도 계속 고객 수를 늘려나간 것은 바로 시장을 선점하기 위해서였습니다. 윈도처럼 '사실상의 표준de facto standard'을 만드는 것도, 항공사가 마일리지 제도를 만들어 다른 항공사를 이용하기 힘들게 만드는 고객 락인rock-in 전략도 경쟁자를 배제하는 방법이죠.

"혁신적인 기업들은 먼저 당신 회사의 시장과 고객을 빼앗을 것이다. 다음으로 그들은 당신 회사의 가장 우수한 인재들을 빼앗을 것이다. 마지막으로 그들은 당신 회사의 모든 자산까지도 빼앗을 것이다. 그러므로 기존 비즈니스 모델을 개선보다는 그것을 해체하고 새로운 비즈니스 모델을 창출하는 데 집중하라."라는 저자의 메시지에 귀를 기울여야 합니다.

호기심과 상상력으로 무장한 게릴라가 돼라

게리 해멀은 다르게 보고 다르게 되면서 여러분 스스로가 선지자가 되라고 외칩니다. 착실하게 주어진 일만 열심히 수행하는 꿀벌의 시대는 끝났다고 말합니다. 호기심과 상상력으로 무장한 게릴라가 돼야 한다고 합니다.

소니의 플레이스테이션 개발 신화를 아십니까? 소니는 트랜지스터라디오에서 워크맨까지 소형화 기술이란 핵심역량을 기반으로 승승장구하고 있었습니다. 하지만 1990년대에 접어들면서 상황이 달라졌습니다. 소니의 이익은 1992년 13억 달러에서 1995년에는 적자 33억 달러로 곤두박질쳤습니다. 할리우드로 진출하면서 30억 달러를 결손처분한 것이 막대한 비용을 날리는 결과를 가져왔죠.

이때 소니를 구한 사람이 쿠타라기 켄久多良木健이었습니다. 한때 천덕꾸러기 연구원이었고 경영진의 미움을 샀던 그가 플레이스테이션으로 소니에 엔터테인먼트라는 새로운 산업에 눈을 뜨게 해주었지요. 그는 설득하는 행동주의자, 즉 게릴라였다는 겁니다.

그가 이끈 플레이스테이션 사업이 5년도 되지 않아 소니의 총수익 570억 달러 중 12%를, 총영업수익 30억 달러 중 40%를 차지할 정도로 성장했죠. 소니가 디지털 시대로 도약할 수 있는 발판을 만들어주었음은 물론이고요.

소니의 쿠타라기 켄 외에도 몇몇 이단아를 더 소개하면서 어떤

소니의 CEO 오가 노리오와 쿠타라기 켄

단계를 밟아야 성공적으로 반란을 일으킬 수 있는지 제안합니다.

1단계: 관점을 정립하라

세상에 변하는 것은 무엇이고 이런 변화는 어떤 기회를 가능케 하며 이때 수익성 있게 개발할 수 있는 비즈니스 모델은 무엇인가 보라는 겁니다. 쿠타라기 켄은 아날로그 시대에서 디지털 시대로 변하는 모습을 보았고 디지털 게임산업의 성장을 가능케 하며 디지털 기술에 기반한 게임기를 새로운 비즈니스 모델로 제안했던 거죠.

2단계: 선언서를 만들어라

소니는 당시 뮤직 엔터테인먼트 사업부에서 큰 성공을 거두고 있었습니다. 게임사업을 시작하려는데 다음의 두 이름 중 어느 명칭이 더 원대해 보입니까? 게임사업부, 컴퓨터엔터테인먼트 사업부. 당연히 후자겠죠. 케네디 대통령의 "10년 안에 사람을 달에 보내겠다."라는 선언도 멋지지만 사업부 이름도 선언의 느낌이 들도록 할 수 있습니다.

3단계: 연합을 만들어라

선언서를 만들면 그에 공감하는 세력이 있습니다. 그들과 함께 하라는 거죠. 위대한 일은 결코 혼자의 힘으로 되는 법이 없습니다. 많은 사람의 참여가 필요하죠.

4단계: 표적을 설정하고 행동을 선택하라

여기서 표적은 '당신이 설득해야 할 윗사람'입니다. 반란은 아랫사람이 일으키는 겁니다. 쿠타라기 켄은 당시 CEO였던 오가 노리오를 표적으로 선택했고 그가 가려워하는 곳이 어디인지 찾았습니다. 오가는 당시 할리우드 진출에 실패한 후 소프트웨어와 미디어 분야로의 진출을 정당화할 다른 기회를 열망하고 있었죠. 디지털 게임이란 콘셉트는 오가를 설득하기에 충분했습니다.

5단계: 흡수하고 중립시켜라

CEO가 승인했다고 해서 일사천리로 일이 진행되는 법은 없습니다. 다른 사업부, 특히 자신과 견해를 달리하는 사업부가 최대한 협조할 수 있는 분위기를 만들어야 한다는 겁니다. 핵심부문의 리더들과 무엇을 어떻게 해야 원원win-win할 수 있는지 구체적인 대안을 마련해야 합니다.

6단계: 통역할 사람을 찾아라

녹색 머리에 눈썹 링을 한 아이를 바라보는 보수적인 아버지를 상상해보세요. 그것이 바로 최고경영자가 기업 반란가를 바라보는 시선입니다. '존맛탱'*이 무엇인지 모르고 그런 용어를 쓰면 상스럽다고 생각하는 사람이 여러분 주위 사람입니다. 신규 승진한 임원급 이상의 인물 중에서 기업반란가인 당신에게 호감을 갖고 있는 사람을 찾으세요. 그리고 그에게 통역을 부탁하세요. '존맛탱'이 젊은이들 사이에서 얼마나 자연스럽게 사용되는지에 대해서요.

7단계: 작게 승리하고 초기에 승리하고 자주 승리하라

중간에 아무리 힘든 과정을 거치더라도 최종적으로 승리하길 바라시나요? 반란을 일으키려면 그래서는 안 됩니다. 작은 승리라도 해야 합니다. 그래야 같은 편이 한 명이라도 더 생깁니다. 초기에 승리할수록 반대편 숫자가 줄어듭니다. 자주 승리해야 사람들의 머릿속에 '저 팀이 잘하는구나.'라는 인상을 심을 수 있습니다.

8단계: 고립하고 침투하고 통합하라

일단은 멀리 떨어져 있어야 합니다. '기업 인큐베이터' '비밀 실험실' 등의 이름으로 숨어서 일을 시작해야 하죠. 그렇지만 계속 숨어만 있어서는 본사로부터 지원을 받지 못합니다. 자원을 끌어들이

---

* 매우 맛있음을 뜻하는 '존맛'에 강조하는 의미로 '탱'을 붙인 말이다.

기 위해서는 고립하려는 자세를 버리고 본사로 침투해야 합니다.

이런 단계를 거쳐 반란을 성공적으로 이끌라고 이야기합니다.

경영의 미래를 상상해보자

게리 해멀이 2007년 저술한 『경영의 미래The Future of Manage-ment』는 아마존닷컴이 선정한 2007년 최고의 경영서로 뽑혔습니다. 2008년에는 월스트리트가 최고의 경영 구루로 선정했음은 앞서 언급했는데요. 아무래도 이 책의 영향이 컸던 것 같습니다. 잠깐 내용을 살펴보죠.

경영의 미래라고 해서 미래의 모습이 어떻게 될 것이라고 이야기하지는 않습니다. 미래 예측서는 아니라는 거죠. 다만 현재와 미래는 분명 다를 것이라 이야기합니다. 마치 과거와 현재가 달랐듯이 말이죠. 100여 년 전으로 거슬러 가볼까요? 당시는 대부분이 농사를 지었고 소규모 장인들이 물건을 만들던 시대였죠. 이들이 카네기나 포드가 건설한 엄청난 제국을 보았다면 그 느낌이 어떠했을까요? 엄청 놀랐겠죠? 마찬가지로 우리도 지금은 그 형태를 모르지만 미래의 조직, 기업의 모습을 보고 깜짝 놀랄 수 있다는 겁니다. 그 미래의 모습이 무엇인지 구체적으로 이야기할 수는 없습니다. 하지만 인터넷이 등장해서 세상을 바꿨고 모바일이 등장해서 생활을 바꿨으며 향후 인공지능이 우리의 삶을 바꿀 것이라는 점은 다들 동의하실 겁니다. 새로운 세상이 왔을 때 우리가 늦지 않기 위해서, 아니 한발 더 앞서 나아가기 위해서 경영의 미래를 상상해보자는 것이 핵심입니다.

저자는 경영의 미래를 그려보는 데 힌트를 얻을 수 있는 것으로 생물, 시장, 민주주의, 신앙, 그리고 세계적인 대도시를 꼽습니다.

1. 생물

생물에서는 다양성을 창조하는 것을 배웁니다. 유성 충돌, 화산 폭발, 기상 이변을 겪으면서도 생물은 계속 존속했으며 번성해왔죠. 그 과정에서 생물은 더 복잡해지고 유능해졌습니다. 생물의 적응력과 진화과정은 단순합니다. 다양성과 선택이죠. 이러한 사항은 21세기의 조직에 구글의 20% 룰, 즉 일주일에 하루는 자기가 하고 싶은 것을 하는 제도처럼 다양한 실험을 계속하라고 일깨웁니다. 잘되면 계속하고 잘 안 되면 도태시키는 거죠. 완벽해지려고 하기보다 많은 시행착오를 겪으라고 이야기합니다.

2. 시장

시장에서는 유연한 자원분배를 배웁니다. 실제 800만 명 이상이 거주하는 뉴욕에서는 단지 3일 치의 식량공급만을 유지하고 있다고 하네요. 어떤 의미에서 늘 기근 상태인 거죠. 뉴욕시장은 식량 감독관을 지명해서 식량공급을 유지하도록 권한을 위임할 수 있습니다. 하지만 저자는 이야말로 어리석은 짓이라고 이야기합니다. 뉴욕시민은 채소와 고기를 파는 다양한 시장의 효율성 때문에 굶

주리지 않는다는 겁니다. 그리고 시장의 개념을 신규사업 개발에 연결합니다.

대기업에서 신규사업 아이디어가 실현되려면 어떤 과정을 거쳐야 하나요? 먼저 상사의 허락을 받아야 하는데 이 과정부터 쉽지 않죠. 굳이 왜 이걸 하려고 하냐, 원래 하던 거나 잘해라 하며 면박받기 십상이죠. 하지만 현재의 사업만으로 미래를 지탱할 순 없습니다. 이런 방법은 어떨까요? 직원들에게 가상화폐를 지급합니다. 사내 게시판에 올라온 아이디어 중 마음에 드는 아이디어에 가상화폐를 투자하게 합니다. 투자금액이 일정액 이상이 되면 별도 조직인 신규사업위원회에서 검토하는 방식이죠.

3. 민주주의

민주주의에서는 행동주의의 원천을 배웁니다. 민주주의의 반대 개념은 독재입니다. 강력한 CEO를 의미합니다. 상명하복식 메커니즘이죠. 이는 경직된 기업문화의 원천이 되며 조직 창의력을 말살합니다. 민주주의에서는 누구든지 정치 리더를 비판할 수 있습니다. 대통령이건 장관이건 말이죠. 실제 기업은 어떤가요? 높은 사람을 뒤에서는 험담할 수 있지만 앞에서는 굽신굽신거리죠. 이런 조직은 미래가 없다는 겁니다. 고위 임원이 리더십을 독차지하는 것이 아니라 삼권분립처럼 리더십이 분배되어야 합니다. 직원들이 자유롭게 이의제기를 할 수 있어야 합니다. 그리고 행동하는 직원을 격려하고 존중해야 합니다.

4. 신앙

신앙에서는 사명감에 불타는 조직 구축을 배웁니다. 석공 이야기는 많이 들어보셨죠? 석공 세 명이 돌을 깨고 있는데 표정이 다 다릅니다. 지겨운 표정인 사람은 벽돌을 만들고 있고 그저 그런 표정인 사람은 건물을 짓고 있고 행복이 충만한 표정인 사람은 성전을 짓고 있다는 이야기입니다. 어떻게 해야 조직구성원들이 성전을 짓는 마음으로 일할 수 있을까요? 단기적으로 주가 올리기에 집중해서는 대다수 직원들이 뛰어난 실적을 올리는 동기를 부여할 수 없습니다. 현재 본인이 하고 있는 일이 세상을 선한 방향으로 이끄는 데 얼마나 의미가 있는지 납득할 수 있어야 합니다.

5. 대도시

대도시에서는 우연한 창조를 배웁니다. 뉴욕과 런던이 창의성의 도시로 불리는 것은 다양한 장소에서 온갖 다양한 사람들이 만날 수 있는 공간이 있기 때문입니다. 화랑 전시회, 인디밴드, 인기가 높은 클럽, 콘서트, 저자의 강연 등 도시는 마음의 피로를 풀 수 있는 일종의 테마파크입니다. 다양한 시각과 문화, 기술, 산업, 건축양식이 어울리면서 창조적 불꽃이 피어오릅니다. 구글이 그렇죠. 그랜드피아노, 당구대, 화이트보드, 간이식당 전부가 서로 몇 미터 사이에 모여 있습니다. 즉석에서 상호작용하는 기회를 더 많이 만들어내기 위해 시도한 것이죠.

게리 해멀이 제시한 생물, 시장, 민주주의, 신앙, 대도시의 다섯 가지 개념을 여러분의 조직에 구체적으로 응용해본다면 좀 더 빨리 경영의 미래를 만나볼 수 있을 겁니다.

Q&A

어떻게 비즈니스 모델을 혁신할 것인가

정구현 앞에서도 언급했지만 이 책의 개념적인 공헌은 3장의 '비즈니스 모델 혁신business model innovation'입니다. 번역본 182쪽에 있는 그림이 이 개념을 보여주고 있습니다.

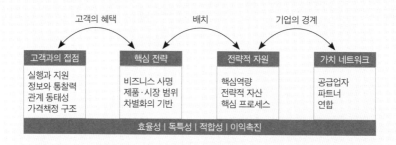

그런데 이 '비즈니스 모델 혁신'에 대해서 좀 더 설명이 필요할 것 같아요. 이 모델을 보면 가운데 있는 '핵심전략'과 '전략적 자원'의 두 가지 구성요소는 기존 전략이론에서 많이 나온 건데요. 핵심전략에는 미션, 도메인, 차별화 기반이라는 세 가지 내용이 있습니다. 전략적 자원에는 지식 기반의 핵심역량, 그 핵심역량이 표현되는 전략적 자산(예를 들면 설비, 브랜드, 특허 등의 기술력), 효율성을 가져오는 프로세스라는 세 가지 내용이 포함됩니다. 그리고 이 두 비즈니스 모델의 구성요소를 연결하는 것이 '배치'라고 되어 있는데요. 이게 자원 배분 내지는 자원 배치 또는 자원 재배치입니다. 다시 말해 전략적 자산을 어디에 배치해서 핵심역량을 만들어서 차별화할 것인가입니다. 예를 들면 소니의 쿠타라기 켄이 새로운 사업인 플레이스테이션을 만들 때 회사의 기존 전략적 자산을 어떻게 활용했나요? 그리고 쿠타라기 켄의 '혁명'은 기존 소니의 무엇을 뒤엎은 건가요? 어떤 비즈니스 모델을 혁신한 것이었나요? 책에는 이 부분에 대한 설명과 연결이 부족한 것 같아요.

좀 더 살펴봅시다. 그림의 양 끝에 있는 '고객과의 접점'이나 '가치 네트워크'도 기존 문헌에도 많이 나오는 당연한 요소예요. 고객과의 접점에는 경로(실행과 지원), 고객 데이터(정보와 통찰력), 고객관계관리CRM(관계 동태성), 가성비(가격 책정 구조) 등 마케팅과 고객관리 변수가 포함되어 있습니다. 용어가 달라서 생소하지만 우리에게 익숙한 용어를 사용하면 쉬워집니다. 가치 네트워크로는 공급업자와 파트너와 기업생태계가 언급됩니다. 그리고 가치 네트워크와 전략적 자원의 연결고리인 '기업의 경계boundary'는 거래비용의 접근방법이고 핵심전략과 고객과의 접점의 연결고리는 '고객의 혜택value proposition'입니다.

이 비즈니스 모델의 개념이 실제 혁신에서 어떻게 활용되고 있는지, 요즘 비즈니스 모델 혁신에서 자주 활용되는 비즈니스 모델 캔버스BMC, business model canvas와 어떻게 연결되는지 살펴볼 필요가 있습니다.

9권

저소득층 시장을 공략하라

C. K. 프라할라드(C. K. Prahalad, 1941~2010)

1. 저자

C. K. 프라할라드

C. K. 프라할라드는 게리 해멀의 스승이자 1994년에 출간한 『코어 컴피턴스 경영혁명Competing for the future』의 공저자입니다. 그는 이 책으로 센세이션을 일으켰지만 늘 마음속에 고민거리가 있었습니다. 그는 인도에서 태어나 대학까지 나오고 하버드대학교 박사과정과 미시간대학교 교수를 거쳤는데 선진국과 개발도상국의 격차를 온몸으로 실감했죠. 그래서 저소득층 문제의 해결방안을 찾는 것이 자신의 과제라고 생각했던 겁니다. 그리고 10년 가까이 이 주제에 매진하여 마침내 결과물을 내놓은 것이죠.

그는 이 책이 발판이 되어 싱커스50Thinkers50이 선정하는 경영 구루 1위에 올랐습니다. 싱커스50은 2001년부터 경영 구루 50명

순위 연도	1위	2위	3위	4위	5위
2001	피터 드러커	찰스 핸디	마이클 포터	게리 해멀	톰 피터스
2003	피터 드러커	마이클 포터	톰 피터스	게리 해멀	찰스 핸디
2005	마이클 포터	빌 게이츠	C. K. 프라할라드	톰 피터스	잭 웰치
2007	C. K. 프라할라드	빌 게이츠	앨런 그린스펀	마이클 포터	게리 해멀
2009	C. K. 프라할라드	말콤 글래드웰	폴 크루그먼	스티브 잡스	김위찬 ·르네 마보안
2011	클레이튼 크리스텐슨	김위찬 ·르네 마보안	비제이 고빈다라잔	짐 콜린스	마이클 포터
2013	클레이튼 크리스텐슨	김위찬 ·르네 마보안	로저 마틴	돈 탭스코트	비제이 고빈다라잔
2015	마이클 포터	클레이튼 크리스텐슨	김위찬 ·르네 마보안	돈 탭스코트	마샬 골드스미스
2017	로저 마틴	돈 탭스코트	클레이튼 크리스텐슨	김위찬 ·르네 마보안	마이클 포터
2019	김위찬 ·르네 마보안	로저 마틴	에이미 에드먼드슨	알렉산더 오스터왈더 ·이브 피그뇌르	리타 맥그래스
2021	에이미 에드먼드슨	리타 맥그래스	김위찬 ·르네 마보안	알렉산더 오스터왈더 ·이브 피그뇌르	로저 마틴

을 격년으로 선정하는데요. 어느 틈엔가 '경영학계의 오스카상'이
라 불리게 되었습니다. 역대 1~5위의 리스트는 다음과 같습니다.
시즌 1, 2에서 많은 저자를 다루었네요.

2. 핵심

저소득층을 창조적 고객으로 인식하라

이 책에는 먼저 피라미드의 바닥bottom of pyramid이란 개념이 등장합니다. 당시 전 세계 60억 명 인구 중 하루 2달러 미만으로 살아가는 40억 명을 피라미드의 하부층으로 정의하죠. 2달러면 대충 2,400원 아닙니까? 여러분은 이 돈으로 하루를 살아갈 수 있나요? 집세 포함해서요. 현지 물가 수준을 고려하더라도 상상이 안 갑니다. 당연히 주변의 도움이 필요하겠죠?

그래서 피라미드의 바닥은 기업의 사회적 책임CSR 대상 또는 도움의 대상이라고만 여겨집니다. 매출과 이윤 창출이 가능한 시장으로 보지 않는 거죠. 그런데 프라할라드는 이 같은 시각을 '위험한 편견'이라고 잘라 말합니다. 오히려 저소득층을 하나의 새로운

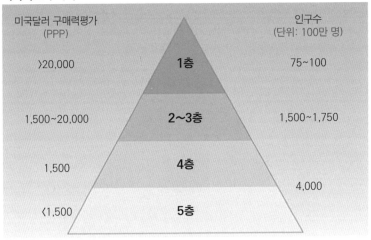

피라미드의 바닥

미국달러 구매력평가 (PPP)		인구수 (단위: 100만 명)
>20,000	**1층**	75~100
1,500~20,000	**2~3층**	1,500~1,750
1,500	**4층**	
		4,000
<1,500	**5층**	

구매 계층이자 창조적 고객으로 인식한다면 생각지도 못한 새롭고
엄청난 사업 기회가 생겨난다는 겁니다.

저소득층을 대상으로 어떤 사업이 가능할까?

저소득층을 대상으로 어떤 사업이 가능할까요? 먼저 금융업입
니다. 책 출간 당시 인도에서 부유층의 대출이자율은 연 10%이지
만 저소득층은 연 800%입니다. 왜 이렇게 차이가 크냐고요? 리스
크 때문이죠. 부유층은 돈을 갚기 쉬울 것이고 빈곤층은 어려울 것
이라고 생각하기 때문입니다. 그런데 만약 이러한 리스크를 줄이
고 저소득층의 대출이자율도 25%로 낮추면 어떨까요? 저소득층
은 서로 대출을 받으려고 줄을 설 겁니다. 금융기관 입장에선 부유
층에 대출하는 것보다 수익을 더 올릴 수 있겠죠.

그라민은행의 비즈니스 모델

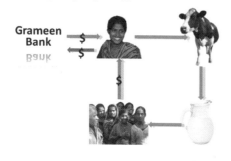

이와 같은 방식으로 성공한 금융사가 있습니다. 방글라데시의 그라민은행인데요. 이 은행은 직업을 가지려는 여성에게만 대출을 해줍니다. 남자는 믿지 못하는 거죠. 시골에서는 연대책임제로 대출을 해줍니다. 연대책임에 해당하는 구성원들끼리 '우호적 감시관계'를 맺도록 하는 거죠. 시골 사람들은 이웃끼리 잘 알기 때문에 쓸 수 있는 방법입니다.

한편 대출해준 자금으로는 기존 부채를 갚는 데 쓰지 못하도록 합니다. 반드시 돈을 벌 수 있는 수단에 투자해야만 합니다. 젖소를 사서 젖을 짜서 우유를 팔아 이자와 원금을 갚고 젖소를 소유하게 만드는 구조입니다. 실제 이 비즈니스는 대성공을 거두는데요. 이 모델을 만든 그라민은행 무하마드 유누스Muhammad Yunus 총재는 2006년 노벨 평화상을 수상합니다.

어떻게 저소득층을 구매자로 전환시킬 것인가

저소득층을 구매자로 전환시키는 것이 관건입니다. 다른 말로 표현하면 구매력을 만들어내는 것이죠. 현금도 부족하고 저임금으로 고생하는 저소득층에게는 무언가 다른 방식으로 접근해야 합니다. 프라할라드는 Affordability(알맞은 가격), Access(접근성), Availability(이용 가능성)라는 '3개의 A'를 명심하라고 이야기합니다.

1. 알맞은 가격

흔히 샴푸를 살 때 한 통씩 사죠? 그런데 머리를 감을 때 한 통을 다 쓰시나요? 안 그러죠. 1회용 샴푸 샘플이면 충분합니다. 바로 이겁니다! 저소득층은 머리를 감고자 하는 니즈는 있지만 샴푸 한 통을 살 돈은 없습니다. 하지만 샘플로 나눠주는 1회용 샴푸 정도는 살 돈이 있죠. 인도에선 바로 이 1회용 샴푸 샘플을 우리 돈으로 0.5루피(당시 환율로 약 13원)에 팝니다.

2. 접근성

저소득층은 늦게까지 일하는 경우가 많기 때문에 일찍 문을 닫는 상점에는 들어갈 수가 없습니다. 게다가 이동수단이 열악하기 때문에 접근하기 쉬운 곳에 상점이 있어야 하죠. 그래서 저소득층 시골 마을에는 동네 아줌마가 큰 역할을 합니다. 거주 공간 한 구석에 매대를 설치하고 1회용 제품을 갖다 놓고 팝니다. 팔아봐야 얼마나 파냐고 했다간 큰코다칩니다. 가랑비에 옷 젖는다고 이 돈을 모으면 수입이 꽤 짭짤합니다.

3. 이용 가능성

대부분의 저소득층은 물건을 살 때 주머니에 있는 현금을 씁니다. 이런 그들에게 카드결제를 요구해선 안 되겠죠. 한마디로 제품과 서비스를 이용할 수 있게 만들어야 한다는 겁니다. 휴대폰은 어떤가요? 저소득층이라도 모바일 뱅킹 등을 이용하기 위한 휴대폰 수요는 의외로 높습니다. 그런데 시골에는 전기가 안 들어오는 곳이 많거든요. 휴대폰이 있더라도 충전이 안 되면 무용지물입니다. 인도에서는 전기가 들어오지 않는 시골 고객들의 휴대폰 배터리 충전을 위해 휴대폰 서비스를 제공하는 회사가 트럭에 배터리를 싣고 이동하면서 1회당 5루피(약 130원)를 받고 충전해주고 있습니다.

왜 초일류 기업이 역혁신해야 하는가

저소득층 시장 이야기를 할 때 프라할라드 외에 알아야 할 사람이 한 명 더 있습니다. 비제이 고빈다라잔Vijay Govindarajan 교수입니다. 그는 2008년부터 2년간 GE의 혁신 담당 자문교수로 일했는데요. 당시 GE를 이끌던 제프리 이멜트Jeffrey Immelt와 여러 논의를 하며 새로운 논리를 개발합니다. "GE의 전통적인 라이벌, 예를 들어 독일의 지멘스, 네덜란드의 필립스, 영국의 롤스로이스는 절대로 GE를 파괴할 수 없습니다. 그러나 신흥시장에서 떠오르는 거인들은 GE를 파괴할 수 있습니다." 당시 GE는 모든 기업이 벤치마킹을 할 대상일 정도로 대단한 기업이었습니다. 왜 이런 초일류 기업

비제이 고빈다라잔

Harvard Business Review

How GE Is
Disrupting Itself

by Jeffrey R. Immelt, Vijay Govindarajan, and Chris Trimble

이 인도나 중국의 신흥기업을 두려워하는 것일까요? 답은 '역혁신 reverse innovation'에 있습니다.

역혁신이란 신흥시장의 '저비용 비즈니스 모델'을 선진국 시장에도 적용하는 것을 의미합니다. 과거에는 선진국의 고급 제품을 단순화해서 신흥시장을 공략했습니다. 그렇지만 1만 원짜리를 구긴다고 1,000원짜리가 될 수 없듯이 고급 제품을 아무리 단순화해도 가격을 절반 이하로 떨어트리는 게 쉽지 않습니다. 중국과 인도와 같은 신흥시장에서 보기에는 턱도 없이 높은 가격입니다. 그들이 원하는 것은 '선진국 시장 대비 가격 15%, 품질 50%'인 제품입니다. 이런 제품은 절대 선진국에선 만들 수 없습니다.

실제 어떤 일이 있었나 살펴보겠습니다. GE는 1980년대부터 대형 초음파 진단기기 시장의 절대 강자였습니다. 1990년대 들어 선진국 시장의 수요가 어느 정도 포화 상태에 이르자 해외시장을 모색하기 시작합니다. 당시 중국은 인구 10억 명이 넘는다는 점에서 거대한 잠재력을 지니고 있었죠. 선진국용 제품을 중국에 팔고자 현지에 유통본부를 설치했습니다. 그런데 10년이 지나도 매출액이 제자리인 겁니다. 겨우 50억 원 정도니 GE 입장에선 눈에 보이지도 않는 금액이었죠.

왜 이렇게 매출이 형편없었을까요? 가격이 대당 10만 달러가 넘었는데 이 정도면 신흥국 대도시의 병원일지라도 만만찮은 금액이죠. 장치는 좀 큽니까? 생산공장에서 신흥국의 병원으로 운반하는 것도 여의치 않았죠. 기계 조작법도 전문가가 아니면 손대기 어려운 수준이었고요. 신흥국에서는 전기가 자주 끊긴다는 점도 판매를 가로막는 요인 중 하나였습니다.

GE는 글로벌 전략이 잘못되었음을 인정합니다. 신흥국에선 신흥국에서 필요로 하는 제품을 만들어야 한다는 것을 뼈저리게 깨닫습니다. 중국 현지에 연구개발R&D센터를 설립하고 직접 제품을 개발하도록 합니다. 가난한 사람들이 많기 때문에 일단 가격이 싸야 합니다. 환자를 병원으로 이송하기 힘들기 때문에 제품을 이동해야 합니다. 현지 의사의 수준이 낮기 때문에 쉽게 사용할 수 있어야 합니다. 이러한 조건을 고려하여 GE는 2002년에 최초로 이동식 초음파 영상기기를 출시합니다. 2008년에는 가격을 1만 5,000달러(약 2,000만 원)에 맞춥니다. 선진국용 제품의 15% 수준인 거죠. 처음부터 품질이 50% 수준은 아니었지만 꾸준히 품질을 개선해 나갑니다.

결과가 어땠을까요? 2002년 40억 원에서 2008년 2,800억 원으로 매출이 수직 상승합니다. 더불어 연구개발 작업에 참여했던 인력들도 큰 보람을 느낄 수 있었어요. 신흥개발국은 유아와 임산부 사망이 아직도 흔히 발생하는데요. 병원에 가기 위해 24시간에서 36시간 동안 버스를 타고 가야 했던 산모들이 이제는 자신이 사는 마을에서 초음파 검사를 받을 수 있게 된 겁니다.

이뿐만이 아니었어요. 선진국 시장에서도 이 제품을 판매할 기회를 발견하게 된 건데요. 구급의료대원이 구급차와 멀리 떨어진 사고 현장에서 초음파 기술을 사용할 수 있게 된 겁니다. 응급실에서도 쓸모가 컸어요. 환자가 더 비싼 검사를 받아야 할지 결정하기 전에 의사가 신속한 진찰을 하는 데 도움이 되었습니다.

이 제품은 2010년 V스캔으로 진화하면서 세상을 깜짝 놀라게 만들었는데요. 배터리로 작동되고 크기가 손바닥만 한 이 기기가 의료기기의 혁명을 일으킵니다. V스캔의 출시로 전 세계에서 수백만 명에 이르는 환자들이 매우 낮은 비용으로 정교한 영상 기술의 혜택을 받게 된 것이죠.

관점을 바꿔야 합니다. 신흥시장에 걸맞은 제품을 먼저 내놓고 이를 선진국의 저가시장으로 연결하겠다는 발상의 전환이 필요합니다. '머나먼 타국에서 창조하고 전 세계 모든 곳에서 성공한다.'처럼 말이죠.

이러한 혁신을 수행하려면 마음가짐부터 바꿔야 합니다. 고빈다라잔은 글로벌 시장을 바라봄에서 5단계의 사고방식이 존재한다고 말합니다.

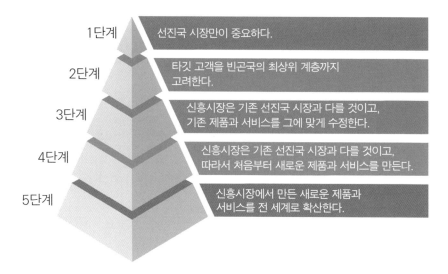

1단계 선진국 시장만이 중요하다.

2단계 타깃 고객을 빈곤국의 최상위 계층까지 고려한다.

3단계 신흥시장은 기존 선진국 시장과 다를 것이고, 기존 제품과 서비스를 그에 맞게 수정한다.

4단계 신흥시장은 기존 선진국 시장과 다를 것이고, 따라서 처음부터 새로운 제품과 서비스를 만든다.

5단계 신흥시장에서 만든 새로운 제품과 서비스를 전 세계로 확산한다.

패러다임 전환으로 고객을 창조한다

다음 두 개의 차트가 있습니다. X축은 여성 1인당 출생아 수이고 Y축은 5세까지 생존하는 아동의 비율입니다. 차트별로 개발도상국과 선진국으로 구분되어 있습니다. 원의 크기는 그 나라 인구수입니다. 왼편 차트를 보니 개발도상국에 커다란 원이 두 개 보입니다. 아마 중국과 인도겠지요.

언제의 모습일까요? 왼편은 1965년이고 오른편은 2017년입니다. 이미 답을 알고 봐도 신기합니다. 왼편 또한 최근의 모습처럼 보이거든요. 앞서 나왔던 사례는 중국과 인도입니다. 이미 두 나라 모두 개발도상국이란 박스에서 한참 벗어나 있습니다. 이 자료는 스웨덴의 의사이자 통계학자인 한스 로슬링Hans Rosling의 저서 『팩트풀니스』에 등장합니다. 이 자료만 보면 프라할라드의 이론은

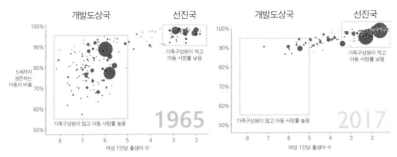

개발도상국과 선진국의 여성 1인당 출생아 수와 5세까지 생존하는 아동의 비율

수명을 다한 듯합니다. 하지만 이 책의 다른 부분도 주목해야 합니다. 로슬링은 2분법보다는 4분법을 제안합니다.

여전히 절대빈곤층은 있지만 절대빈곤을 막 벗어난 계층도 있습니다. 중산층도 있고 선진국 수준의 생활을 누리는 계층도 있습니다. 인구가 70억 명이라면 각각 10억, 30억, 20억, 10억 명 정도라고 합니다. 결국 절대빈곤층과 이를 막 벗어난 계층의 일부를 염두에 둔다면 프라할라드의 이론은 여전히 유효하다고 볼 수 있습니다.

"기업의 목적은 고객을 창조하는 것이다."

피터 드러커가 한 말이죠. 프라할라드는 바로 이 기업의 목적, 그러니까 고객을 창조하는 한 가지 방법을 제시한 겁니다. 빈곤층을 도움의 대상으로만 보지 말고 돈을 지불할 수 있는 고객으로 바라보라고 한 것이죠. 그 이전에는 누구도 하지 못했던 인식의 전환을 제안한 겁니다. 바로 이것이 그의 책 『저소득층 시장을 공략하라』가 높은 가치를 지니는 이유입니다.

4단계 소득 수준의 삶

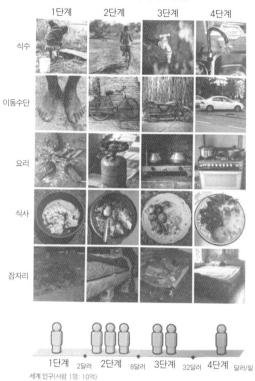

(출처: Gapminder [3] & Dollar Street)

Q&A

피라미드 바닥을 상대로 비즈니스가 가능한가

정구현 빈부격차를 말할 때 20-80 이야기를 하죠. 상위 20%의 소득자가 전체 소득의 80%를 점하고 있다는 건데요. 토마 피케티 Thomas Piketty의 2019년 책인 『자본과 이데올로기』의 39쪽을 보면 소득 상위 10%가 전체 소득에서 차지하는 비중을 보면 유럽이 34%, 중국이 41%, 미국이 48%, 인도가 55%로 되어 있습니다. 그리고 이 소득불평등은 모든 나라에서 1980년 이후에 악화되고 있습니다. 많은 나라에서 상위 10%가 전체 소득의 40~50%, 상위 20%가 60~80%를 점하는 상황에서 피라미드의 바닥을 상대로 비즈니스를 한다는 게 과연 현명한 결정일까요?

신현암 고객을 어디로 타깃팅하는가에 따라 전략이 달라질 겁니다. 하이엔드만을 대상으로 한다면 굳이 피라미드의 바닥을 볼 필요는 없겠죠. 핵심은 도움의 대상도 얼마든지 시장이 될 수 있다는 점입니다. 가난한 사람은 구매력이 없을 수도 있습니다. 하지만 그들을 도와주려는 계층은 구매력이 있습니다. 이를 공략하면 다른 시장이 창출됩니다. 가난한 사람도 구매력을 만들 수 있습니다. 그라민은행이 좋은 사례입니다. 과거에는 결코 '시장이 아니다.'라고 여겨졌던 곳에서 '시장이 될 수 있다.'라는 새로운 잣대를 들이대면 새로운 비즈니스 모델이 만들어집니다.

왜 다국적기업보다 현지기업의 혁신이 더 중요한가

정구현 이 책의 저소득층 공략 방법을 그대로 따라서 성장한 나라가 중국일 것 같아요. 사실 지난 40년간 세계 빈곤층의 감소에 가장 큰 기여를 한 나라가 중국입니다. 중국의 14억 명 인구 중에서 빈곤층이 이제는 1억 2,000만 명으로 줄었고 지난 40년간 4억 명 이상이 빈곤을 탈출했다고 하죠. 이건 중국공산당이 자랑할 만합니다. 시진핑이 중국은 이제 샤오캉小康 사회가 되었다고 선언했죠. 중국은 시장 시스템, 특히 민간기업을 통해 가난을 줄일 수 있었죠.

이 책에서는 서구의 다국적기업MNE 위주로 이야기를 하고 있습니다. 그런데 중국의 중소기업이야말로 바로 25쪽에 있는 저소득층에 대한 지배 논리를 깨고 사업을 한 셈입니다. 그런 점에서 프라할라드 자신이 후진국 현지기업의 잠재력을 과소평가한 것이 아닌가 하는 생각이 듭니다. 서구의 다국적기업은 자사가 가진 제품, 경험, 관리자의 지식의 한계 때문에 실제로 후진국의 빈곤층을 타깃으로 하는 프로그램을 할 수 있을까요?

책에서 예를 든 게 유니레버인데 사실 혁신을 주도한 건 그 자회사인 HLL이죠. 적어도 현지화가 중요할 것 같아요. 책의 파트 2에 저소득층 시장의 혁신 사례로 5개 기업이 자세히 나와 있습니다. 5개 기업 중에서 다국적기업은 유니레버의 HLL 하나이고 나머지 4개 기업은 모두 현지기업입니다. 브라질의 최대 소매기업인 카사스바이아Casas Bahia, 인도의 아라빈드 안과병원AECS과 ICICI은행, 그리고 페루의 헬스케어 기업인 복시바Voxiva입니다. 그런 점에서 프라할라드가 연구를 하면서 처음에는 다국적기업의 타깃 시장으로 저소득층 시장을 보다가 실제로 현장연구를 하다 보니 현지기업의 혁신이 더 중요해진 것이 아닐까 생각합니다.

5부
히트 상품 만들기
: 어떻게 제품과 아이디어를
고객들에게 빨리 퍼트릴 것인가

10권

포지셔닝

알 리스(Al Ries, 1926~2022)　　　　잭 트라우트(Jack Trout, 1935~2017)

1. 저자

알 리스와 잭 트라우트

1958년 GE의 광고부서에 취직한 알 리스는 6년을 일한 후 별도의 광고 회사를 설립합니다. 리스 카피엘로 콜웰이란 자그마한 회사였는데요. 1972년 그의 동료인 잭 트라우트와 함께 쓴 논문「포지셔닝의 시대가 온다」가 대박을 칩니다. 그러면서 자연스럽게 광고인에서 마케팅 전략가로 변신하죠. 한 문장으로 요약하면 '고객의 머릿속에 새로운 사다리(카테고리)를 만들고 그 첫 번째를 차지하세요.'가 되는데요.

1981년에는 논문을 보완하여 『포지셔닝Positioning』이라는 제목의 책을 발간합니다. 이 또한 대성공을 거두죠. 이후 콤비인 잭 트라우트와 함께 『마케팅 불변의 법칙The 22 Immutable Laws of Marketing』『마케팅 전쟁Marketing Warfare』,『튀지 말고 차별화하라Differenti- ate or Die』『단순함의 원리The Power of Simplicity』 등 수많은 서적을 출판합니다. 1994년 딸 로사 리스Laura Ries와 함께 마케팅 회사 리 스앤리스Ries & Ries를 설립합니다. 2016년 뉴욕시 마케팅 전당에 헌액되었습니다.

잭 트라우트 또한 GE의 광고부서에서 사회생활을 시작합니다. 알 리스의 후배인 셈인데요. 1967년 알 리스가 설립한 회사에 합 류한 후 26년간 근무합니다. 근무 5년차에 알 리스와 공저한 논문 이 대박나면서 이후 20여 년간 알 리스와 단짝으로 활약합니다. 1993년 회사 트라우트 앤드 파트너스를 설립하면서 알 리스와는 별도로 마케팅 컨설팅 활동에 주력합니다.

2. 핵심

고객의 마음속에 당신이 최초인가

포지셔닝이라…… 많이 들어본 단어죠? 그렇습니다. 시장을 세분화하고 그중 표적시장을 결정한 뒤 표적시장에 있는 잠재고객의 마인드에 우리 상품의 위치를 명확히 잡아주는 세그멘테이션, 타깃팅, 포지셔닝의 바로 그 포지셔닝입니다. 자동차 중 벤츠는 '사회적 성공', BMW는 '드라이빙의 즐거움', 볼보는 '안전'으로 포지셔닝하는 게 대표적인 예입니다.

이번 장에 소개하는 책 『포지셔닝』은 책의 콘셉트 개발부터 따지면 그 역사가 50년이 넘습니다. 포지셔닝이란 아이디어는 1972년에 마케팅 전문지 『애드버타이징 에이지』에 처음 실렸고 1981년에 초판이, 2001년에 개정판이 나왔습니다. 오래되어서 수명이 다하

포지셔닝이란 아이디어는 1972년 마케팅 전문지 『애드버타이징 에이지』에 처음 실렸다.

면 올드입니다. 오래되어도 여전히 살아 있으면 클래식입니다. 이 책은 클래식을 뛰어넘어 마케팅의 바이블이라 불리고 있습니다.

논문을 보면 흥미로운 그림이 나옵니다. 맨 위에는 망치가 석고 상의 머리를 치고 있습니다. 1950년대의 USP, 즉 독특한 판매 제 안Unique Selling Proposition을 말하는 이미지인데요. 어떤 제품이 경 쟁 제품은 결코 주지 못하는, 고객이 원하는 편익을 제공하면 망치 로 한 대 맞은 듯 기억에 남겠죠.

그다음에는 석고상이 안대를 하고 있습니다. 1960년대 데이비 드 오길비의 '해서웨이 셔츠를 입은 사나이'의 광고에 나오는 모습 입니다. 중년 신사가 안대를 한 채 입을 지그시 다물고 정면을 바라보고 있습니다. 워낙 인상이 강해서 눈길을 끕니다. 광고를 집중해서 볼 수밖에 없습니다. 오길비는 "성공한 기업은 상품 판매에 있어 명성이나 이미지가 특정한 상품 특성보다 훨씬 중요한 역할을 한다. 결국 모든 광고는 브랜드의 이미지 확립을 위한 장기 투자다."라고 말합니다.

마지막 석고상은 머릿속에 코카콜라, 허츠, IBM, 제록스라고 쓰여 있습니다. 1970년에 각각 탄산음료, 렌터카, 컴퓨터, 복사기 시장을 주도하고 있던 브랜드입니다. 사람들은 콜라 하면 코카콜라가 떠오르고 렌터카 하면 허츠가 떠오른다는 의미죠. 우리는 간장 하면 샘표가, 라면 하면 농심이, 소화제 하면 부채표 활명수가, 카레 하면 오뚜기가 떠오르지 않습니까?

고객의 머릿속에 최초로 기억돼야 한다

물론 시장에서 최초로 제품을 만들 필요는 없습니다. 고객의 머릿속에 최초로 들어가면 되니까요. 컴퓨터는 IBM이 발명한 게 아닙니다. 스페리랜드Sperry-Rand가 발명했죠. 그러나 IBM은 잠재고객의 마인드에 컴퓨터 포지셔닝을 확립한 첫 번째 기업이 되었던 겁니다. 저자는 "커뮤니케이션 과잉 사회에서 성공하려면 기업은 잠재고객의 마인드에 가장 먼저 들어가 최초가 되어야 한다."라고 말합니다.

왜 최초가 되어야 할까요? 답은 정보의 홍수에 있습니다. 이 책의 초판이 나왔던 1980년 당시 미국에서 발간되는 책자는 연간

3만 권이었습니다. 책 한 권을 독파하는 데 5시간이 걸린다고 가정하면 하루 24시간 잠도 안 자고 책만 읽는다고 해도 17년이 걸립니다. 이 책의 개정판이 나왔던 2001년에는 발간되는 책이 30만권으로 늘어납니다. 엄청난 정보량이죠. 어디 책뿐입니까? TV, 라디오, 신문, 잡지, 옥외광고 등 그야말로 정보가 넘쳐납니다.

그럼 이게 뭐가 문제일까요? 고객 입장에선 문제될 것이 없습니다. 외면하면 그만이니까요. 기업 입장에선 고민입니다. 광고비를 쏟아부어도 고객이 무시해버리기 때문이죠. 매체 숫자는 기하학적으로 늘어나고 있습니다. 그럼 기업은 무엇을 해야 할까요? 메시지의 전달력을 높일 수밖에 없습니다. 그 유일무이한 대안이 포지셔닝입니다. 이 책이 오늘날에도 마케팅 분야 필독서로 자리잡은 이유이기도 합니다.

메시지의 전달력을 높인다는 것은 사람들의 마음속에 잘 들어가고 오랫동안 남아 있다는 것을 의미합니다. 그 최상의 방법은 최초가 되는 겁니다. 달에 최초로 발을 디딘 사람은 닐 암스트롱이죠. 두 번째는 잘 모릅니다. 세계에서 가장 높은 산은 에베레스트입니다. 두 번째는 잘 모릅니다. 당신은 첫 키스의 상대방이 누군지 기억할 겁니다. 두 번째는 누구죠? 기억이 안 나거나 또는 어떤 사람이 떠오르지만 확신이 가지는 않을 겁니다.

첫 번째가 갖는 위력의 또 다른 예가 있습니다. 탐험대를 이끌고 대서양을 건너 신대륙에 도달한 두 번째 선장이 누구인지 아시나요? 1497년, 그러니까 콜럼버스의 첫 번째 항해가 있고 5년이 지난 뒤에 신대륙에 도달한 선장이 있습니다. 바로 존 캐벗John Cabot 입니다. 하지만 아는 사람은 드물 것 같은데요. 어쨌든 캐벗은 성 공리에 탐험을 마치고 영국에 도착했습니다. 그랬더니 헨리 국왕 이 그에게 10파운드라는 보잘것없는 돈을 하사했답니다. 캐벗은 부도 명성도 얻지 못했고 역사책에 언급되지도 못했습니다. 이게 바로 두 번째에게 주어지는 보상입니다. 잔인한가요? 예. 세상이 그렇습니다.

최초가 아니면 최초 카테고리를 만들어라

이 책을 요약하면 '세 대의 비행기'입니다. 제일 앞에 있는 비행 기에는 린드버그라고 쓰여 있습니다. 두 번째에는 힝클러, 세 번째 에는 에어하트라고 쓰여 있네요. 린드버그는 대서양을 횡단한 최 초의 비행사죠. 아마도 힝클러가 두 번째, 에어하트가 세 번째인 모양입니다. 역시 우리 머릿속에는 첫 번째만 남아 있습니다. 그만 큼 최초는 대단한 겁니다.

그런데 미국에서는 세 번째 비행사인 에어하트가 첫 번째 비행 사인 린드버그 못지않게 유명합니다. 왜일까요? 대서양을 횡단한 최초의 여성 비행사이기 때문입니다. 에어하트의 일대기를 다룬 영화도 있습니다. 「창공의 여왕」인데요. 우리에게도 친근한 다이앤 키튼이 주연을 맡았죠. 최초가 되어라. 최초가 아니면 본인이 최초 가 될 수 있는 카테고리를 만들어라. 바로 이 책의 핵심 메시지입 니다.

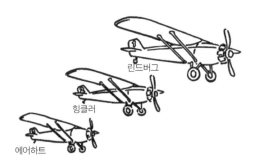

최초가 아니면 본인이 최초가 될 수 있는 카테고리를 만들어라.

좁히고 좁혀서 궁극적 고객에게 어필하라

최초가 되기 위해서는 어떻게 해야 할까요? 좁혀야 합니다. 콘셉트도 좁혀야 하고 고객도 좁혀야 합니다. '누가 우리의 고객일까?'가 아니라 '누가 우리의 고객이 아닐까?'를 스스로에게 물어보세요. 좁히고 좁히면 궁극적인 고객이 나옵니다. 그리고 그 고객에게 어필하세요.

한때 신라호텔도 강사로 모셨던 고려대학교 앞 중국집 '설성반점'의 배달원 번개를 기억하시나요? 그는 탕수육을 시킬 때 서비스로 만두가 아니라 스타킹을 준 것으로 유명하죠. 무엇을 주문하건 누가 결재하건 주문은 그 회사의 막내 서무 여직원이 한다는 사실에 착안한 거죠. 그가 보기에 궁극적인 고객은 서무 여직원이었습니다. 이 논리는 배달의민족에 전수되었죠. 배달의민족 김봉진 대표가 회사건 대학이건 돈은 누가 내는지 몰라도 배달 주문은 그 조직의 막내가 한다는 사실에 착안하여 B급 광고를 만듭니다. 모두

고객을 좁힌 결과입니다.

큰 연못의 작은 고기가 되지 말고 작은 연못의 큰 고기가 되세요. 그리고 연못을 확실히 장악한 다음에 그 작은 연못의 크기를 넓혀나가세요. 커피숍 시장에서 제3의 공간이란 콘셉트를 추가해 시장을 좁혀 성공한 스타벅스가 그 이후 얼마나 세계적으로 성장했는지, 창고형 할인점 시장에서 회원제와 적정 마진이란 콘셉트를 추가해 시장을 좁혀 성공한 코스트코가 지금 얼마나 잘나가고 있는지가 좋은 예가 되겠습니다.

재포지셔닝으로 틈새를 만들어 최초가 돼라

각종 분야와 업계의 리더가 되려면 잠재고객의 마인드에 가장 먼저 들어가야 한다고 했는데요. 그다음에는 그 자리에서 밀려나지 않고 버티는 전략을 계속 세우고 추진해야겠죠.

최초가 아니면 시장이나 타깃을 좁혀서 무언가 최초인 분야를 만들어야 하는데요. 가끔은 남아 있거나 비어 있는 '구멍'이 없는 경우도 있습니다. 이때는 경쟁자의 콘셉트를 구닥다리로 만드는 등 재포지셔닝해서 틈새를 만들어내야 합니다. 타이레놀이 아스피린을 재포지셔닝한 것처럼 말이죠.

다음 광고를 보시죠. 헤드라인이 끝내줍니다. "아스피린을 복용해서는 안 되는 수백만 명을 위해서……" 그다음을 읽지 않을 수가 없네요. 왜냐하면 항상 아스피린을 먹어왔거든요. 그런데 작은 글씨로 다음과 같이 쓰여 있습니다. '복통을 자주 경험하시는 분 또

타이레놀 광고

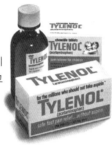

"아스피린을 복용해서는 안 되는
수백만 명을 위해서……"

'복통을 자주 경험하시는 분 또는 궤양
으로 고생하시는 분, 천식, 알레르기,
빈혈증이 있으신 분들은 아스피린을
복용하기 전에 의사와 상담하시는 것이
좋습니다. 아스피린은 위벽을 자극하고
천식이나 알레르기 반응을 유발하며
위장에 내출혈을 일으키기도 합니다.'

'다행히 타이레놀이 있습니다.'

는 궤양으로 고생하시는 분, 천식, 알레르기, 빈혈증이 있으신 분들
은 아스피린을 복용하기 전에 의사와 상담하시는 것이 좋습니다.
아스피린은 위벽을 자극하고 천식이나 알레르기 반응을 유발하며
위장에 내출혈을 일으키기도 합니다.' 무섭습니다. 하지만 평소 모
든 약 설명서에는 이런 내용이 쓰여 있습니다. 평소에 제대로 읽지
않았던 것이죠.

그러곤 마지막 멘트가 나오네요. '다행히 타이레놀이 있습니다.'
마치 판도라의 상자를 열었을 때 온갖 욕심, 질투, 시기, 각종 질병
등이 뛰쳐나온 후 마지막으로 희망이 나지막하게 말을 걸었던 장
면이 떠오릅니다. 아스피린의 아성을 무너뜨린 겁니다.

최초가 돼도 일관성이 없으면 실패한다

1970년대 말 사베나 항공의 전략은 '고급 기내식'을 강조하는

것이었습니다. 봉 비방_{bon vivant}, 즉 식도락가의 개념을 활용했죠. '사베나를 타려면 꼭 식도락가여야 할까요?'라는 문구와 함께 멋지게 차려입은 신사 숙녀가 고급스러운 음식 테이블 앞에 서 있는 모습은 분명 '아, 저 항공사의 기내식은 훌륭하겠구나!'라는 느낌을 주기에 충분했습니다. 하지만 기내식이 훌륭하다는 이유로 자신의 목적지와 다른 비행기를 타는 사람이 있을까요? 사베나 항공이 성공하려면 사베나 항공이 아니라 사베나 항공을 타고 가려는 지역, 즉 벨기에가 매력적이어야 하는 거죠.

그런데 벨기에가 매력적일까요? 제가 유럽여행 계획을 세울 때 벨기에를 고려한 것은 비교적 최근의 일입니다. 「이것은 파이프가 아니다」라는 작품으로 유명한 르네 마그리트의 그림을 보기 위해 마그리트 뮤지엄을 가기 위해서였죠. 하지만 유럽에는 영국의 런던, 프랑스의 파리, 이탈리아의 로마, 피렌체, 밀라노, 베네치아 등 벨기에 말고도 갈 곳이 산적해 있지 않습니까? 게다가 그 유명한 그림은 벨기에 브뤼셀에 있는 게 아니라 미국의 LA에 있더군요. "유명 화가의 비싼 그림은 대부분이 그 화가의 이름을 딴 미술관에 있는 게 아니라 다른 지역의 돈 많은 미술관에 있다"는 말을 실감했습니다.

실제 1970년대 후반 유럽 16개국에 대한 대서양 항로 승객의 목적지 배분율을 보면 영국 29%, 독일 15%, 프랑스 10%, 이탈리아 9%, 네덜란드 6% 순이었다고 합니다. 벨기에는 2%로 16개국 중 14위였네요. 비행기를 타고 방문할 가치가 별로 없는 국가였던

사베나 항공의 광고

사베나를 타려면 꼭 식도락가여야 할까요?

Sabena caters to bon vivants...people who enjoy good food, fine wines, congenial company.
Which is only natural when you consider Sabena's country of origin. In Belgium "good living" is a national pastime.
Enjoy the "good life" when you fly Sabena. Enjoy more of it when you visit Belgium. Discover restaurants and cafes to suit your taste wherever you go. You'll be able to wine and dine regally in Belgium, even on a modest budget.
If you're not a bon vivant now, all it takes is just a few days in Belgium. Where Europe really begins.

SABENA

셈이죠.

어떻게 해야 벨기에를 매력적인 국가로 만들 수 있을까요? 흥미롭게도 『미슐랭 가이드』가 결정적 역할을 했습니다. 이 가이드북은 도시도 평가하는데요. 음식점과 마찬가지로 특별히 여행할 만한 가치가 있는 도시에 별 3개를 부여합니다. 당시 네덜란드는 암스테르담 한 도시만이 별 3개를 부여받고 있었습니다. 반면 벨기에는 브뤼셀을 비롯해 5개 도시가 별 3개를 가지고 있었죠. 여기에 기반해 광고 문구를 '아름다운 벨기에에는 5개의 암스테르담이 있습니다.'라고 한다면 정말 매력적이지 않을까요?

이 광고는 성공했을까요? 저자는 이렇게 얘기합니다. "이 전략의 탁월한 점은 세 가지입니다. 첫째, 이미 여행객의 마음에 자리잡고

『미슐랭 가이드』 벨기에를 매력적인 국가로 만드는 데 결정적인 역할을 했다.

있던 암스테르담이라는 목적지에 벨기에를 연상시켰다는 점이다. 어떤 포지셔닝 프로그램에서든 강력히 구축된 기존 인식을 이용할 수록 그만큼 자기의 포지션 확립이 유리하다. 둘째, 관광객의 마인드에 자리잡은 또 하나의 실체인 『미슐랭 가이드』를 이용함으로써 주장의 신뢰도를 높였다는 점이다. 셋째, '방문할 만한 5개 도시'를 부각함으로써 벨기에를 진정한 목적지로 생각하게 만들었다는 점이다."

하지만 결국 성공하지는 못했습니다. 이 TV 광고가 시행될 무렵 사베나 항공은 조직 개편을 했는데요. 안타깝게도 새로 선출된 경영진은 이 프로그램에 전념하지 않았습니다. 게다가 벨기에 관광청은 "왜 다섯 도시만 강조합니까? 다른 도시는 못 끼는 이유가 뭔

가요?"라고 따지며 별 3개 등급을 받지 못한 도시까지 포함하라고 성화였다고 하네요.

전략의 기본은 선택입니다. 어떤 것을 선택하면 선택하지 못한 것에 대한 희생이 따를 수밖에 없죠. 암스테르담급의 도시가 5개가 있는데 이 숫자를 늘리라고 하는 순간 더 이상 이 전략은 의미를 지니지 못하는 거죠. 결국 실패하고 말았습니다.

Q&A

1등 아닌 브랜드는 어떻게 포지셔닝해야 하는가

정구현 이 책에서는 특정 브랜드의 시장 위치에 따라서 다른 포지셔닝을 해야 한다고 주장하죠. 그러면서 에이비스가 허츠에 대비해서 '에이비스는 2등입니다. 그래서 더 열심히 합니다.'라고 포지셔닝했다고 합니다. 1등이나 2등, 그래요 3등까지도 좋은데 대부분의 회사나 브랜드는 4등 밖이잖아요? 등외, 등수에 못 드는 회사나 브랜드는 어떻게 해야 할까요?

신현암 여기에 많은 브랜드의 고민이 있습니다. '시장을 쪼개서 자기가 1등인 시장을 만들라.'가 저자의 메시지입니다. 탄산음료 시장의 최강자는 단언컨대 코카콜라나 펩시와 같은 콜라 브랜드입니다. 그렇다면 사이다나 스프라이트 음료는 평생 1등을 못 하는데 어떻게 해야 할까요? 이들은 탄산음료라고 말하지 않습니다. 스프라이트라는 별도의 시장을 만들죠. 그리고 거기서 1, 2위를 다툽니다.

성공한 제품을 따라해서는 이길 수 없다

신현암 1987년 포카리스웨트가 '이온음료'라는 콘셉트로 한국 시장에 진출했습니다. 새로운 카테고리를 만든 거죠. 이 무렵 제일제당(오늘날 CJ)의 게토레이가 시장 출시를 앞두고 있었는데요. 사실 스포츠음료라는 카테고리는 미국에나 있지 한국에는 아직 생소했습니다. 마침 유사한 제품이 시장에서 성공을 거두자 제일제당은 '이온음료 게토레이'라는 콘셉트로 시장에 진출했습니다. 결과는 대참패였습니다. 이온음료를 강조할 때마다 고객들은 포카리스웨트를 구매했죠. 이후 '스포츠음료'로 방향을 재설정한 결과 한국 최초의 스포츠음료로 자리매김할 수 있었습니다.

11권

티핑 포인트

말콤 글래드웰(Malcolm Gladwell, 1963~)

1. 저자

말콤 글래드웰

말콤 글래드웰은 1984년 저널리즘계에 뛰어든 후 명료하면서도 비범한 필력과 차별화된 이슈를 고르는 탁월한 감각에 힘입어 곧 『워싱턴포스트』에 입성합니다. 이후 문학적 저널리즘의 최고봉이라 할 수 있는 『뉴요커』로 자리를 옮겨 그동안 밝혀지지 않았던 세상의 다양한 패턴, 행동양식, 심리적 아이디어로 가득 찬 기사들을 썼습니다. 이 기사들은 훗날 그를 베스트셀러 작가이자 21세기 가장 영향력 있는 저널리스트의 반열에 오르게 했습니다.

　그는 2000년에 『티핑 포인트』를 출간하면서 세계적인 명성을 얻습니다. 이후 『블링크』『아웃라이어』『다윗과 골리앗』 등을 출간하면서 경제경영 스테디셀러 작가로 자리매김합니다.

2. 핵심

대박 상품에는 티핑 포인트가 있다

'티핑 포인트tipping point'는 쉬운 듯하면서도 어려운 단어입니다. 티핑 포인트는 어떠한 현상이 서서히 진행되다가 작은 변화 혹은 작은 요인으로 인해 한순간 폭발하는 지점을 뜻합니다. 티핑tipping이라는 단어 자체가 균형이 깨지고 엄청난 변화나 특정한 현상 혹은 세력이 한순간에 퍼지는 점을 가리키는 용어입니다. 이 개념은 시카고대학교 모튼 그로진스Morton Grodzins 교수가 1957년 진행한 「백인 이주 현상」 연구에서 처음 사용했습니다.

미국 북동부 지역으로 아프리카계 미국인들이 서서히 이주하기 시작하는 현상이 나타납니다. 한 집, 두 집, 세 집…… 천천히 아프리카계 미국인이 늘어나기 시작합니다. 그러다가 그들의 숫자가

티핑 포인트

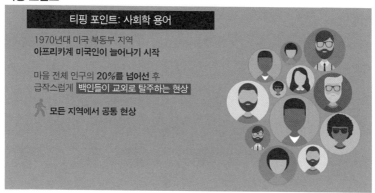

티핑 포인트: 사회학 용어

1970년대 미국 북동부 지역
아프리카계 미국인이 늘어나기 시작

마을 전체 인구의 **20%를 넘어선** 후
급작스럽게 백인들이 교외로 탈주하는 현상

🚶 모든 지역에서 공통 현상

마을 전체 인구수의 20%를 넘어서니까 급작스럽게 백인들이 교외로 탈주하는 현상이 나타나더라는 겁니다. 한두 지역에 특정한 상황이 아니라 모든 지역에서 그런 현상이 발생했다는 거죠.

이러한 개념은 1969년 노벨 경제학상 수상자인 토머스 셸링Thomas Schelling의 논문 「분리의 모델」에 소개되기도 했습니다. 그리고 마침내 말콤 글래드웰의 베스트셀러인 『티핑 포인트』를 통해 대중적으로 알려졌죠.

이러한 현상이 기업경영에 어떤 의미를 갖고 있을까요? 바로 왜 어떤 상품은 대박 상품이 되고 왜 어떤 상품은 쪽박 상품이 되는가와 나아가 대박 상품을 만들기 위해서는 어떤 조건이 필요한가를 설명하는 데 좋습니다. 티핑 포인트를 넘어가면 대박 상품이 되고 못 넘기면 쪽박 상품이 됩니다. 그렇다면 티핑 포인트를 넘기기 위해서는 어떤 일을 해야 하는가에 관한 이야기는 기업경영자라면 당연히 관심을 가질 주제겠죠.

바이러스 확산 3요소

대박상품의 탄생과 전염병 지역에서
바이러스가 확산되는 규칙이 동일한
패턴 발견

1. 감염을 일으키는 사람

2. 감염인자 그 자체

3. 감염인자가 활동할 수 있는 환경

저자는 대박 상품의 탄생과 바이러스 전염 규칙이 동일한 패턴을 보인다는 점을 강조합니다. 바이러스가 전염되기 위해서는 '감염을 일으키는 몇몇 사람' '감염인자 그 자체' '감염인자가 활동할 수 있는 환경'이 필요합니다.

한때 유행했던 하얀 국물 라면을 기억하시나요? 그 원조가 이경규의 꼬꼬면이었죠. 여기서 감염을 일으킨 사람은 이경규, 감염인자 그 자체는 꼬꼬면, 감염인자가 활동할 수 있는 환경은 늘 매운 맛의 빨간 국물 라면만 먹다가 칼칼한 맛의 하얀 국물 라면이 주는 신선함이라고 보면 되겠습니다.

소수의 빅마우스가 감염을 일으킨다

감염은 소수의 사람이 일으킵니다. 소위 빅마우스죠. 저자는 빅마우스에는 세 가지 유형이 있다고 설명합니다. 커넥터connector, 메이븐maven, 세일즈맨salesman입니다. 커넥터는 발이 넓은 사람,

감염을 일으키는 사람

즉 마당발이죠. 아는 사람이 많으니 당연히 영향력이 막강하겠죠.
메이븐은 지식을 축적한 사람을 뜻합니다. 우리가 모르는 것을 많
이 알고 있는 사람이죠. 우리는 이런 사람의 이야기에 귀를 기울입
니다. 랍비의 말씀을 듣는 것 같은 느낌이겠죠.

커넥터는 양적인 면에서 많은 사람에게 이야기하는 것이고 메이
븐은 설득력이란 측면에서 강점을 지닌다고 보면 되겠습니다. 세
일즈맨은 지적 수준보다는 경청 등 대화하는 태도로 상대방을 능
수능란하게 설득하는 사람이라고 보면 됩니다. 결론적으로 본인
주변에 누가 커넥터, 메이븐, 세일즈맨인지 파악한 뒤 그들로부터
적절한 도움을 받으라는 겁니다.

메시지가 고객의 머릿속에 달라붙어야 한다

감염인자 그 자체는 퍼트리고자 하는 메시지가 고객의 머릿속
에 착 달라붙게 만드는 힘을 말합니다. 우리는 *꼬꼬면*에서 *꼬꼬댁*
하는 닭을 떠올립니다. 만약 브랜드명을 닭국물면이라고 지었다면

결코 히트하지 못했을 겁니다. 우린 알게 모르게 이런 메시지에 중독돼 있습니다. "12시에 만나요"라고 하면 뭐가 떠오르시나요? 두통, 치통, 생리통엔? "맞다 △△△" 이렇게 한번 들은 사람의 머릿속에 고착될 수 있는 문구가 필요한 거죠. 광고업계에서는 보통 여섯 번 정도 듣게 되면 머릿속에 남길 수 있다고 합니다. 코카콜라, 나이키 등이 동일 주제로 죽어라 광고를 하는 이유죠.

이 분야에 관해 꼭 읽어야 할 책이 있습니다. 칩 히스와 댄 히스, 두 형제가 2007년에 발간한 『스틱』입니다. 한 명은 대학 교수이고 또 한 명은 컨설턴트입니다. 우연히 비슷한 시기에 같은 분야를 연구하는 것을 알게 되었고 의기투합해서 이 책을 썼다고 하네요. 이 책은 『티핑 포인트』와 관계가 밀접합니다. 말콤 글래드웰이 책에서 고착성을 스틱니스stickness라고 표현했는데 히스 형제는 여기서 스틱이라는 제목을 건집니다. 두 형제는 머릿속에 쫙쫙 달라붙는 메시지가 어떤 공통적인 특성을 지니고 있는지 발견해내죠. 책에서는 여섯 가지를 꼽습니다.

1. 단순성

빼고 빼고 또 빼야 합니다. 생텍쥐페리가 이런 말을 했죠. "완벽함이란 더 이상 보탤 것이 없는 게 아니라 더 이상 뺄 것이 없는 상태를 말한다." 그런데 단순하다고 해서 무조건 요약만 하면 안 됩니다. 단순한 동시에 심오해야 합니다. 사우스웨스트 항공의 메시지는 저렴한 항공사입니다. 어떤 노선에서 고객들을 대상으로 설

사람들의 머릿속에 짝짝 달라붙는 메시지의 특성

S imple ——— 단순성
U nexpected —— 의외성
C oncrete ——— 구체성
C redit ——— 신뢰성
E motion ——— 감정
S tory ——— 이야기
S ——— 6가지, 즉 복수를 의미

문조사를 했더니 맛있는 치킨 시저샐러드를 원한다는 답이 나왔답니다. 사우스웨스트 항공은 어떻게 했을까요? 샐러드를 준비하면 돈이 들겠죠. 비용이 높아진단 얘깁니다. 당연히 그 아이디어는 사장되었죠. '저렴한 항공사'라는 이 한 구절에 기업의 의사결정 관련 사항이 다 들어 있는 셈입니다. 심오한 거죠.

2. 의외성

'엉?'과 '아하!'를 기억해야 합니다. '엉?'은 눈길을 끈다는 겁니다. '아하!'는 본인이 지금까지 몰랐던 것을 깨닫게 해준다는 겁니다. 한 식품안전 관련 비정부기구NGO에서 극장에서 파는 팝콘에 너무 많은 포화지방이 들어 있다는 사실을 발견했습니다. 어쩌면 좋을까요? "극장에서 파는 팝콘은 몸에 해롭다." 이런 말은 씨알도 안 먹힙니다. "하루 포화지방 권장량이 20그램 이하인데 팝콘 한 상자는 평균 37그램의 포화지방을 포함하고 있다." 이렇게 얘기한

들 한 귀로 듣고 한 귀로 흘리겠죠. 무슨 말인지 모른다는 겁니다.

이건 어떨까요? 한쪽엔 미디엄 사이즈의 팝콘을 놓습니다. 그리고 그 옆에는 베이컨과 달걀을 곁들인 아침식사를, 빅맥과 감자튀김으로 구성한 점심식사를, 다양한 사이드 메뉴를 곁들인 스테이크를 전시합니다. 그리고 "어느 쪽이 동맥경화증을 유발하는 지방이 더 많이 들어 있을까요? 답은 팝콘입니다."라고 이야기합니다. 여기서 '엉?'은 비주얼입니다. 한쪽엔 팝콘 봉지, 또 한쪽엔 기름으로 범벅된 엄청난 먹거리를 보여주면 사람들은 '이게 뭐지?'라고 하면서 눈길을 줍니다. 그리고 얘기를 듣죠. '아하! 저 산더미 같은 음식보다 팝콘에 든 포화지방이 더 많구나!' 하고 놀라는 거죠. 눈길을 끌고 놀라게 하라. 이것이 의외성입니다.

3. 구체성

눈에 보여야 합니다. 자, 지금 생각나는 모든 하얀색 물건을 적어보세요. 뭐가 떠오르나요? 그냥 머릿속이 하얗게 되지는 않나요? 그럼 냉장고에 있는 하얀색 물건을 적어보세요. 두부, 양파, 계란······ 다양한 먹거리가 떠오를 겁니다. 이것이 두뇌를 자극하고 집중하게 하는 구체성의 힘입니다. 제가 제일 처음 소개한 책『보랏빛 소가 온다』를 기억하시나요? 사실 그 책에서 세스 고딘이 하고 싶은 말은 '리마커블remarkable'이었습니다. 근데 왜 책 제목을 리마커블로 안 하고 퍼플 카우, 즉 보랏빛 소로 했을까요? 리마커블은 추상적이고 보랏빛 소는 구체적이기 때문입니다. 추상적인 단어는 머릿속에 남지 않는다, 달라붙지 않는다는 사실을 기억하기 바랍니다.

4. 신뢰성

신뢰할 만한 사람이 이야기하면 믿음이 갑니다. 하지만 지금 시대는 메시지 자체에서 신뢰를 뽑아야 합니다. 그러려면 메시지를 접하는 사람이 직접 느낄 수 있도록 해야 합니다. 청중에게 질문을 하고 그 질문을 들은 사람이 '아, 그 말이 맞네.'라고 느끼면 되는 겁니다. 1980년 레이건은 미국 대선후보 토론회에서 지미 카터와 맞섰는데요. 레이건 팀은 경제 침체를 문제 삼자는 전략을 들고 나왔습니다. 그리고 유권자에게 물었습니다. "여러분. 투표하시기 전에 마음속으로 한 번만 물어보십시오. 과연 나는 4년 전보다 더 잘 살고 있는가?" 복잡한 통계수치를 제시하는 것보다 훨씬 효율적이었음은 당연합니다.

다섯째는 감성, 여섯째는 스토리입니다. 감성이 중요하다, 스토리를 입혀라 등등은 많이 들으셨을 테니 생략하겠습니다.

저자는 이 여섯 단어를 기억하도록 하기 위해 'SUCCESS(성공)'란 단어를 활용합니다. 첫 번째 S는 Simple(단순성), U는 Un-expected(기대하지 않았다, 의외다, C는 Concrete(구체적), C는 Credit(신뢰성), E는 Emotion(감정), S는 Story(이야기), 마지막 S는 복수를 나타내는 S입니다.

1960년 전후에 미국과 소련은 항공우주산업에서 실력을 겨루었는데요. 늘 소련이 한 발자국 앞서 있었습니다. 케네디 대통령은 이를 역전시키고자 했는데요. 엄청난 비용을 항공우주산업에 쏟아부으려면 국민을 설득해야 했죠. 이런 문구로 설득했으면 어땠을까요? "우리의 사명은 팀 중심적인 혁신과 전략적인 주도권 확립을 통해 항공우주산업의 국제적인 리더가 되는 것입니다." 이렇게했다면 국민의 동의는커녕 공분을 샀겠죠. 하지만 똑똑한 케네디는 이렇게 선언했습니다. "앞으로 10년 안에 인간을 달에 착륙시키고 무사히 지구로 귀환시키겠습니다." 앞의 문장보다 단순하면서외외성을 지니고 있죠. 구체적이고 믿음직합니다. 감정을 유발하고 스토리도 있죠. 그래서 문 스피치moon speech라 불리며 오늘날까지 많은 사람의 마음속에 남아 있습니다.

상황의 힘이 티핑 포인트를 점화한다

사소한 것을 건드림으로써 티핑 포인트를 점화하는 것이 상황의 힘입니다. 꼬꼬면의 등장배경을 기억나시나요? 2011년 「남자의 자격」이란 프로그램이 인기였는데요. '라면의 달인'이라는 코너에서 개그맨 이경규가 닭육수와 청량고추로 라면을 끓이는 비법을공개했는데 이게 대박이 난 거죠. 빨간 국물 일색인 라면시장에 새로운 바람을 불러일으킨 겁니다. 당사자들도 이렇게까지 성공할지는 예측하지 못했을 겁니다.

거꾸로 만약에 이미 시장에 나가사끼짬뽕이 존재했다면 어땠을까요? 같은 하얀 국물, 비슷한 매운맛으로 인해 아마 최초 출시했을 때처럼 대박을 기대하기는 어려웠을 겁니다. 똑같은 이경규가 똑같은 꼬꼬면을 출시했지만 상황에 따라 대박이 나기도 하고 그렇지 않을 수도 있는 것이죠. 그만큼 주변 상황이 큰 영향력을 발휘함을 의미합니다.

Q&A

상황의 법칙은 깨진 유리창 이론과 통한다

정구현 세 번째 요인인 콘텍스트context, 즉 상황의 법칙은 더 설득력이 있지만 사실은 상당히 새롭습니다. 1992년에 뉴욕시의 범죄율이 급속히 하락한 것은 지하철과 열차의 낙서를 없애고 지하철 무임승차 단속을 세게 해서 나온 결과라고 합니다. 이것도 좀 설명이 필요합니다. '깨진 유리창 이론broken window theory'과 통하는 이야기인데요. 뉴욕의 범죄는 상당 부분 거리와 지하철의 낙서, 무임승차, 무질서라는 상황이 만든 것이라는 거죠. 실제로 무임승차 단속에 걸린 사람의 상당수가 전과자였다고 합니다. 이 경우에 대수롭지 않아 보이는 사소한 질서 위반이 폭력적 범죄의 티핑 포인트라는 겁니다. 교통신호 위반 같은 사소한 법 위반을 엄격히 다스릴 필요가 있다는 주장도 가능하겠어요.

신현암 깨진 유리창 이론을 자세히 살펴보면 다음과 같습니다. 깨진 유리창 하나를 방치하면 그 지점을 중심으로 범죄가 확산되기 시작한다는 이론인데요. 사소한 무질서를 방치하면 큰 문제로 이어질 가능성이 크다는 의미를 담고 있습니다.

관련된 실험이 흥미롭습니다. 구석진 골목에 두 대의 차량 모두 본네트를 열어둔 채 주차를 합니다. 그중 차량 한 대는 앞 유리창이 깨져 있었죠. 일주일 후 두 차의 모습이 어떻게 달라졌는지 봤더니 본네트만 열어둔 멀쩡한 차량은 일주일 전과 동일한 모습이었지만 앞 유리창이 깨져 있던 차량은 거의 폐차 직전으로 심하게 파손되었다고 하죠.

1994년 뉴욕시장으로 선출된 루돌프 줄리아니Rudolph Giuliani가 깨진 유리창 이론을 현장에 응용합니다. 맨해튼을 보다 가족적인 도시로 만들기 위해 지하철의 낙서를 근절하겠다고 선언하죠. 뉴욕 검찰청 출신인 그가 고작 경범죄를 선택했냐고 비웃음을 샀지만 그의 철학은 확고했습니다. 범죄자들과 뉴욕시민에게 어떤 범죄도 절대 용납하지 않겠다는 메시지를 분명히 전달한다면 보다 안전하고 깨끗한 도시를 만들 수 있다고 굳게 믿은 것이죠. 몇 년 후 통계 수치를 통해 살인, 폭행, 강도 같은 강력 범죄 또한 많이 줄어든 사실을 확인할 수 있었습니다. 저도 1990년대 초반 뉴욕 출장 시에는 지하철은 절대 타지 말라고 교육을 받았는데요. 요즘은 편안한 마음으로 탑니다.

12권

보랏빛 소가 온다

세스 고딘(Seth Godin, 1960~)

1. 저자

세스 고딘

세스 고딘은 『린치핀Linchpin』 『마케팅이다This Is Marketing』 『트라이 브즈Tribes』 『보랏빛 소가 온다Purple Cow』 『마케터는 새빨간 거짓말 쟁이All Marketers Are Liars』 『퍼미션 마케팅Permission Marketing』 『더 딥The Dip』을 비롯해 수많은 베스트셀러를 썼습니다.

그는 이제 대량생산과 대중을 위한 마케팅은 의미가 없다고 말 합니다. 다수라는 이유로 시장의 권력을 독차지했던 집단이 무너 지고 있기 때문이죠. 그가 새롭게 주목하는 대상은 개인과 작은 무 리들입니다. 대중이라는 거대 집단에 속하길 거부한 소수와 정상 적이고 평범한 것을 거부한 개성 넘치는 괴짜가 시장과 문화의 새 로운 기준을 제시한다고 보고 있습니다.

2. 핵심

마케팅 4P에 새로운 P가 필요하다

저 멀리 목장이 보이는 탁 트인 길을 친구와 함께 드라이브하는 모습을 상상해보세요. 푸른 하늘, 싱그러운 초원, 그리고 한가로이 거닐고 있는 젖소 떼. 대자연의 아름다움에 심취하겠지만 한 시간, 두 시간 그런 광경이 계속된다면 어떨까요? 아마 지긋지긋해지겠죠.

그럴 때 당신의 눈에 띈 한 마리의 보랏빛 소. 세상에 어떻게 보랏빛 소가 존재하는 거죠? 당신은 흥분하며 옆자리에서 졸고 있는 친구를 깨우겠죠. 제발 저 소를 보라고 외치면서요. 그리고 차를 세우고 사진을 찍은 후 SNS에 올리지 않을까요?

세스 고딘이 저서 『보랏빛 소가 온다』에서 주장하는 핵심을 요약하면 이겁니다. 하루에도 수십만 개의 신제품이 쏟아지고 있습니다. 이러한 시장에서 살아남으려면 보랏빛 소처럼 남들과는 전혀 다른 제품을 만들어야 한다는 거죠. 평범한 제품을 만들고 광고에 거액을 투입하기보다는 차라리 사람들의 관심과 눈길을 끌 만한 리마커블remarkable한 제품을 만들라는 것이 핵심입니다. 이 책이 나온 2000년대 초반은 아직 SNS가 제대로 자리잡기 이전인데요. 이때부터 광고보다는 제품 자체의 입소문을 강조했다는 점에서 저자의 탁월함이 돋보입니다.

리마커블한 제품을 만들라는 것과 차별화된 제품을 만들라는 것은 어떻게 다를까요? 역시 입소문이 아닐까 합니다. 끝도 없는 초원에 얼룩무늬 젖소가 모여 있는 틈에 누렁이 황소가 한 마리 있다고 생각해보세요. 분명 젖소와는 다르지만 그게 입소문거리는 아닐 겁니다. 보랏빛 소라면? 분명 눈을 의심하게 만드는 놀라움이 있죠. 이 정도는 돼야 리마커블하다는 겁니다.

그런데 왜 굳이 보라색일까요? 금색도 있고 은색도 있고 심지어 무지개색도 있는데요? 여기서 저자의 탁월한 네이밍 역량이 돋보입니다. 흔히 마케팅에서 4P라고 하죠. 제품product, 가격price, 장소place, 판촉promotion인데요. 이에 운율을 맞추기 위해 P로 시작하는 색깔을 고른 겁니다! 핑크pink도 있지만 아무래도 핑크는 소보다는 돼지 이미지가 강하죠. 그래서 보라색purple을 골랐다고 합니다.

한 가지 더 저자가 강조하는 것은 '리마커블remarkable'이란 단어입니다. 저자는 왜 '퍼플 카우purple cow'라는 용어를 썼을까요? '퍼플 카우'라고 하면 머릿속에 어떤 그림이 그려집니다. 하지만 리마

시장에서 살아남으려면 보랏빛 소처럼 남들과는 전혀 다른 제품을 만들어야 한다.

커블이란 단어를 들으면 그저 영어 스펠링만 떠오르죠. 머릿속에 그림이 그려질 때 그 기억은 강력하고 오래갑니다. 그래서 '퍼플 카우'라는 용어를 만든 것이죠.

보랏빛 소 사례는 다양하다

이 책에는 사진이 잔뜩 들어 있습니다. 다소 민망한 사진에 눈길이 갑니다. '후터스'라는 레스토랑 체인점 사진인데요. 이곳에서는 짧은 반바지와 민소매 티셔츠를 입은 여성들이 음식을 나릅니다. 후터스hooters라는 단어는 영어로 올빼미라는 의미인데 속어로 여성의 가슴을 의미한다는군요. 후터스의 충격적인 속성이 그만큼 효과가 있는 이유는 사람들을 불쾌하게 만들지 않으면서 리마커블하게 느껴지기에 딱 적당할 정도로만 충격적이라는 것 때문이라고 저자는 설명합니다. 그래도 동양적인 관점에선 좀 불쾌하게 느껴질 수도 있겠습니다.

레스토랑 후터스

큐래드Curad 사례도 재밌습니다. 이 회사가 일회용 반창고 시장에 진출하여 밴드에이드Bandaid에 도전한다고 했을 때 대부분의 사람들은 미쳤다고 생각했습니다. 밴드에이드는 가정의 필수품이었고 거의 일반명사나 다름없었거든요. 그러나 큐래드는 퍼플 카우를 개발했습니다. 반창고에 캐릭터를 인쇄한 것이죠. 사람들은 집집마다 밴드에이드를 기본으로 하나 정도 보유합니다. 언제 다칠지 모르니까요. 그런데 큐래드는 여러 개 보유합니다. 재밌게 생겼거든요. 밴드 모양이 보드와 비슷하다고 해서 보드를 디자인한 큐래드 시리즈를 보면 도저히 안 사고는 못 배기는 거죠.

피닉스 호텔 이야기를 해볼까요? 피닉스 호텔(실은 모텔에 가까움)을 거의 공짜로 얻은 칩 콘리Chip Conley는 호텔을 새 단장합니다. 파격적인 색으로 페인트칠을 하고 힙한 스타일의 잡지를 객실

큐래드의 밴드에이드

피닉스 호텔

에 비치했습니다. 첨단을 걷는 화가에게 수영장을 칠하도록 하고 로큰롤 스타를 초대해서 호텔에 머물게 했죠. 의도적으로 대중 시장을 무시함으로써 칩은 리마커블한 무언가를 창조했습니다. 바로 SF 중심가의 로큰롤 모텔입니다.

리오넬 푸알란Lionel Poilâne 이야기를 아시나요? 그는 젊어서 프랑스 제빵사였던 아버지의 빵집을 물려받습니다. 그런데 바게트 굽기를 거부합니다. 빵집인데 빵을 굽지 않는다? 무슨 사연일까요? 알고 보니 프랑스적이지 않다는 겁니다. 바게트를 굽는 것은

리오넬 푸알란

비엔나 방식이라고 주장하죠. 푸알란의 효모 빵은 밀가루, 물, 발효제, 바다소금만으로 만들고 장작 오븐에서 굽습니다. 처음에 프랑스의 제빵업계는 빵이 너무 혁신적이고 다르다는 이유로 취급하기를 거부했는데요. 빵의 뛰어난 품질과 푸알란의 완벽주의는 마침내 관련 업계 사람들의 마음을 돌립니다. 파리의 근사한 음식점에서 푸알란 빵을 사용하기 시작했고 그 결과 매출액은 1,000만 달러 이상에 달한다고 합니다.

이 외에도 다양한 퍼플 카우 사례가 소개되어 있습니다. 이를 아는 것만으로도 지적 즐거움이 채워집니다.

왜 보랏빛 소가 떠오르는가

요즘 왜 더욱 퍼플 카우가 대두될까요? 한마디로 세상이 바뀌었기 때문입니다. 과거에는 TV가 큰 역할을 했습니다. TV와 각종 산

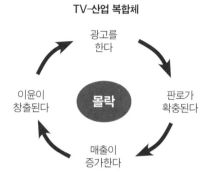

TV-산업 복합체

광고를
한다

판로가
확충된다

매출이
증가한다

이윤이
창출된다

몰락

과거의 법칙 vs 새로운 법칙

과거의 법칙	새로운 법칙
안전하고 평범한 제품을 만들고 이를 위대한 마케팅과 결합하라	리마커블한 제품을 창조하고 그런 제품을 열망하는 소수를 공략하라
· 평범한 제품 · 모든 이를 대상으로 삼음 · 실패에 대한 두려움 · 긴 주기 · 사소한 변화	· 리마커블한 제품 · 얼리어답터에 집중적으로 광고 · 두려움에 대한 두려움 · 짧은 주기 · 획기적인 변화

업의 광고가 밀접하게 달라붙어 있었죠. 세스 고딘은 이를 'TV-산업 복합체TV-Industrial Complex'라고 부릅니다. 과정은 이렇습니다. TV 광고를 하면 판로가 늘어났고 매출이 증가했죠. 그에 따라 이윤이 증가하는 것은 당연하겠죠. 그러면 더 많은 광고를 합니다. 판로는 더욱 늘어나고 매출도 따라서 증가하고 이윤도 증가합니다. 이런 선순환이 작동되었는데 이게 무너진 겁니다.

시간이 흐를수록 선택의 폭은 넓어졌고 선택할 수 있는 시간은 줄었습니다. 앞서 포지셔닝에 대해 공부했는데요. 공저자인 알 리스와 잭 트라우트는 책에서 이렇게 말하죠. "이 책의 초판이 나왔던 1980년 당시 미국에서 발간되는 책자는 연간 3만 권이었습니다. 책 한 권을 독파하는 데 5시간 걸린다고 가정하면 하루 24시간 잠도 안 자고 책만 읽는다고 해도 17년이 걸립니다. 이 책의 개정판이 나왔던 2001년에는 책 발간 숫자가 30만 권으로 늘어납니다. 엄청난 정보량이죠. 어디 책뿐입니까? TV, 라디오, 신문, 잡지, 옥외광고…… 그야말로 정보가 넘치지요."

알 리스와 잭 트라우트는 포지셔닝을 얘기했고 세스 고딘은 퍼플 카우, 즉 리마커블을 제시했습니다. 말장난 같지만 '리마커블하게 포지셔닝하라'로 묶을 수 있겠습니다.

어떻게 보랏빛 소가 될 것인가

퍼플 카우라는 개념을 대략 살펴보았습니다. 하지만 우리에게 필요한 것은 '어떻게 해야 퍼플 카우를 만들 수 있는가?'입니다. 저자는 이에 대해 여덟 가지 방법을 제시합니다.

1. 제품을 변화시켜라

당신의 제품이 소금보다 더 지루한가? 그렇지 않을 것이다. 그렇다면 당신 고객의 일부에게 호감을 살 수 있도록 (과대 선전이 아니라) 제품을 변화시키는 방법 열 가지를 생각해보라.

2. 작게 생각하라

TV-산업 복합체가 남긴 흔적 가운데 하나를 크게 생각해야 한다는 것이다. 과거의 사고방식에 의하면 모든 이에게 호감을 사지 못하는 건 해볼 만한 가치가 없었다. 이제는 그렇지 않다. 상상할 수 있는 가장 작은 시장을 생각해보고 리마커블한 특성으로 그 시장을 흔들 수 있는 제품의 모습을 그려보라. 거기서부터 시작하라.

3. 아웃소싱하라

제품을 다채롭게 하는 데 공장이 방해가 된다면 다른 곳을 찾아보라. 당신의 제품을 기꺼이 맡아서 생산할 수 있는 전문 제조 시설이 많이 있다. 거기서 잘되고 난 다음에는 공장에서도 기꺼이 그 제품을 다시 생산하려고 할 것이다.

4. 허락 자산을 구축하고 활용하라

일단 당신의 가장 충실한 고객들에게 직접 얘기하는 게 가능해지면 놀랄 만한 제품을 개발해서 파는 일도 한결 수월해진다. 광고, 도매상, 소매상과 같은 여과망 없이도 훨씬 더 리마커블한 제품을 창조할 수 있다.

5. 베껴라

당신이 속한 산업이 아니라 다른 산업에서 베껴라. 당신네 산업보다 더 지루한 산업을 찾아서 누가 리마커블한지 알아낸 다음(오래 걸리지 않을 것이다) 그 회사가 한 걸 베껴라.

6. 경쟁사보다 더 나아가라

한 걸음 더 나아가라. 아니면 두 걸음 더 나아가라. 첨단을 걷고 있다고 여겨지는 경쟁사를 찾아서 그 회사를 능가하라. 그 회사가 무엇으로 유명하건 그것을 더 많이 하라. 그보다 더 좋은, 그리고 더 안전한 길을 그 회사가 하고 있는 걸 정반대로 하는 것이다.

7. 아직 행해지지 않은 것을 찾아 실천하라

당신이 속한 산업에서 '아직 행해지지 않은' 것을 찾아서 실천하라. 제트블루는 거의 탑승객 복장 규정이라고 할 만한 것을 검토한 적이 있다. 제트블루는 또한 비행기 탑승객 가운데 옷을 가장 잘 입은 사람에게 무료 항공권을 증정하는 아이디어를 여전히 검토하고 있다. 성형외과 의사는 상품권을 선물할 수 있다. 출판사는 책값을 할인해서 내놓을 수 있다. 스튜레너즈 슈퍼마켓은 딸기를 작은 녹색 플라스틱 바구니에 담는 대신 고객들이 직접 고르도록 했다. 그랬더니 매출이 두 배로 뛰었다.

8. 왜 안 되는지 질문하라

"왜 안 되는데?"라고 질문하라. 당신이 하지 않는 것의 대부분은 그래야 할 적당한 이유가 없다. 당신이 하지 않는 것의 거의 대부분은 두려움이나 타성 또는 "왜 안 되는데?"를 과거에 물어본 일이 없기 때문에 빚어진 결과다.

Q&A

매스 마케팅 시대는 끝났다

정구현 이 책의 강력한 메시지는 '우리는 이제 탈소비 시대에 살고 있는 고객$_{post-consumption customer}$'이라는 겁니다. 발명될 건 다 나와 있고 물건은 넘쳐나는데 부족한 건 시간이라는 거죠. 물건은 넘치는데 시간이 없는 시대이니 "새롭고 독특하고 매력적인, 리마커블한 제품이 아니면 고객의 관심을 끌지 못한다."라는 주장입니다. 그러니까 대중을 상대로 하는 매스 마케팅 시대는 갔다는 거죠. 소수의 마니아를 상대로 하는 리마커블한 제품을 만들어야 한다는 것인데 설득력이 있나요? 이게 맞나요?

신현암 그렇습니다. 요즘은 대중을 상대로 하지 말고 진실로 자사의 제품과 서비스를 사랑하는 사람을 대상으로 판매하거나 제공하라고 말합니다. 그러면 그들이 찐 팬이 된다는 거죠. 그래서 팬덤이 형성되고 그들이 점점 다른 층을 불러온다는 겁니다. 그래서 BTS나 블랙핑크의 팬덤을 연구하고 마케팅을 하라는 말이 나오고 있습니다.

리마커블한 제품으로 승부하라

정구현 이 책은 사실은 스타트업이나 소기업에 희망을 줍니다. 사실 이들 스타트업은 TV 같은 매스미디어는 비용이 너무 많이 들어 접근하기 어렵죠. 그런데 이 책은 리마커블한 제품만 있으면 매스미디어에 의존하지 않고 소수의 인플루언서, 예를 들어 전문가, 덕후, 마당발 등을 통해서 시장을 창출할 수 있다는 겁니다. 그런 점에서 이 책에서 제시하는 방법으로 성공한 회사와 제품이 우리나라에서도 많이 나왔으면 좋겠습니다.

제이캠퍼스 경영 고전 읽기 시즌 2

초판 1쇄 인쇄 2023년 11월 13일
초판 1쇄 발행 2023년 11월 20일

지은이 정구현 신현암
펴낸이 안현주

기획 류재운 **편집** 안선영 박다빈 김재열 **브랜드마케팅** 이승민 **영업** 안현영
디자인 표지 정태성 본문 장덕종

펴낸곳 클라우드나인 **출판등록** 2013년 12월 12일(제2013-101호)
주소 우) 03993 서울시 마포구 월드컵북로 4길 82(동교동) 신흥빌딩 3층
전화 02-332-8939 **팩스** 02-6008-8938
이메일 c9book@naver.com

값 19,000원
ISBN 979-11-92966-43-4 03320